TAO TE CHING

TAO TE CHING

O LIVRO QUE REVELA DEUS

LAO-TSÉ

TRADUÇÃO E EXPLICAÇÕES FILOSÓFICAS
HUBERTO ROHDEN

MARTIN CLARET

Sumário

DECLARAÇÃO

Nenhum grande autor escreve sem uma enorme ajuda de outros grandes autores. *Obrigado! Obrigado! Obrigado!*

AGRADECIMENTOS

Espiritual e filosoficamente *Tao Te Ching* de Lao-Tsé é um dos mais importantes livros da humanidade, e representa sua sabedoria espiritual. Orienta o ser humano para sua autorrealização.

Escrito na China milenar, há mais de 2.600 anos, foi traduzido para quase todas as línguas.

Para nós, os editores, é gratificante poder oferecer aos leitores brasileiros este iluminado texto da sabedoria universal.

Aprenda com sua sabedoria! Ame-o! Divulgue-o!

Nossos agradecimentos.

M. C.

Introdução

PRELIMINARES

Huberto Rohden

OS LIVROS MÁXIMOS DA HUMANIDADE

Bhagavad Gita, de Krishna, nascido na Índia, há diversos milênios, orienta cerca de dois terços da humanidade.

Tao Te Ching, de Lao-Tsé, nasceu na China, há dois mil e seiscentos anos, e apresenta em 81 pequenos aforismos toda a sabedoria dos grandes mestres da humanidade.

Evangelho, a mensagem viva do Cristo/Lucas, orienta, há quase dois mil anos, a consciência de quase toda a humanidade ocidental.

Considerei como minha missão terrestre traduzir e explicar esses três livros máximos da humanidade. Se eles fossem conhecidos e vividos, a vida terrestre do homem, em vez de ser um inferno de discórdias, seria um paraíso de harmonia e felicidade.

LAO-TSÉ

Lao significa idoso, maduro, sábio, correspondendo ao grego *presbyteros*, que significa literalmente ancião, com a conotação de maduro, espiritualmente adulto.

Tsé é o sufixo de muitos nomes chineses, indicando menino, menina, jovem, adolescente.

De maneira que podemos transliterar Lao-Tsé por "jovem sábio", "adolescente maduro".

Lao-Tsé viveu no século VI a.C. Passou a primeira metade da sua vida — cerca de quarenta anos — na corte imperial da China, trabalhando como historiador e bibliotecário. Em muitos capítulos deste livro transparece a grande familiaridade que o autor tinha com a situação política do Celeste Império, fazendo, por vezes, lembrar Shakespeare, cujos dramas revelam as intrigas e a corrupção das cortes europeias do seu tempo; como o grande escritor britânico, Lao-Tsé verbera o descalabro dos governos e aponta o caminho para a sua regeneração.

Em outros capítulos, Lao-Tsé desce às últimas profundezas metafísicas da Realidade Cósmica, procurando atingir a raiz do Uno para além de todas as ramificações do Verso.

Nas explicações dos capítulos fizemos ver que Lao-Tsé seguia o mesmo caminho da nossa "Filosofia Univérsica", que, embora nascida no Brasil em sua maneira cristalizada, forma o *background* de todas as grandes filosofias da Antiguidade.

Homem de meia-idade, Lao-Tsé abandonou a corte imperial e retirou-se, como eremita, para a floresta, onde viveu a segunda metade da sua longa vida estudando, meditando, auscultando a voz silenciosa da intuição cósmica, que deixou os seus reflexos no presente livro.

Finalmente, com cerca de 80 anos, Lao-Tsé cruzou a fronteira ocidental da China — e desapareceu, sem deixar vestígio da sua vida ulterior.

Ao cruzar a fronteira, encontrou-se com o guarda da divisa, que lhe pediu um resumo da sua filosofia, ao que Lao-Tsé lhe entregou um pequeno manuscrito, que continha a quintessência do atual *Tao Te Ching*.

O conteúdo deste livro, de 81 poemas brevíssimos, consta de pequenos aforismos, muitas vezes em forma de paradoxos.

Aliás, as grandes verdades revelam-se quase sempre em simples epigramas, lembrando os *Provérbios* de Salomão e as Beatitudes do Cristo. Paradoxo, do grego, ou absurdo, do latim, quer dizer "além da mente", "ultramental", designando uma verdade que a inteligência não pode alcançar, nem afirmar, nem negar. Por isso dizia Tertuliano: *Credo quia absurdum*, eu aceito a realidade espiritual, porque ela é ultra-intelectual, absurda, paradoxal. O que é intelectualmente cognoscível, como as coisas do ego empírico-analítico, não é espiritual, não é absurdo.

Lao-Tsé, em quase meio século de silêncio e solidão, deve ter auscultado a voz do Infinito, a alma do Universo, e tentou exprimir em conceitos mentais e em palavras verbais a sua sabedoria ultramental e ultraverbal.

O leitor que não estiver afinado pela mesma onda cósmica não compreenderá o verdadeiro sentido da filosofia de Lao-Tsé.

* * *

Lao-Tsé foi contemporâneo de outro filósofo chinês, Kong-fu-Tsé (latinizado: Confucius), o qual elaborou uma filosofia moral-social que não transcende o plano horizontal da vida de cada dia, mas plasmou, como nenhuma outra, a vida do povo chinês. A filosofia de Kong-fu-Tsé não resistiu ao impacto do comunismo de nossos dias, sucumbindo, em parte, ao ateísmo militante e ao materialismo dialético dos *sovietes*.

Lao-Tsé professa uma sabedoria de grande verticalidade, que nunca alcançou a popularidade da filosofia do seu colega. A filosofia de Lao-Tsé se parece muito com a metafísica mística da Índia.

A experiência intuitiva é jovem e bela somente no instante atômico em que nasce espontaneamente das profundezas da alma cósmica; mais tarde, quando analisada intelectualmente, ela murcha e é profanada — e acaba como fóssil inerte.

Por isso, somente quem vive e vivência a silenciosa experiência de Lao-Tsé pode compreender a sua sapiência cósmica. Mais importante do que qualquer ato ego-consciente é a atitude cosmo-consciente.

"A verdade" — dizia Mahatma Gandhi — "é dura como diamante, mas também é delicada como flor de pessegueiro". Quem apenas analisa intelectualmente os aforismos filosóficos de Lao-Tsé pode sentir-se repelido por sua *dureza diamantina* — mas quem sabe intuir espiritualmente a alma dessa sabedoria, esse gozará a *delicadeza flórea* dela.

Tao Te Ching convida o leitor a ser, acima de tudo, um auscultador da silenciosa alma do Universo.

TAO TE CHING

Sendo que os chineses não escrevem com letras como nós, mas usam ideogramas para exprimir ideias, não há uniformidade nas palavras, quando reproduzidas pelos nossos símbolos alfabéticos. Lao-Tsé, Tao Te Ching, admitem diversas grafias, como Lau-Tsi, Dau Che King, etc.

Tao significa o Absoluto, o Infinito, a Essência, a Suprema Realidade, a Divindade, a Inteligência Cósmica, a Vida Universal, a Consciência Invisível, o Insondável, etc. Nunca representa um indivíduo, uma pessoa, como Deus nas teologias ocidentais.

Te pode ser traduzido por caminho, diretriz, revelação.

Ching corresponde a livro, escrito, documento.

Tao Te Ching pode ser traduzido por "*Livro que leva à Divindade*" ou "*O livro que revela Deus*".

Na presente tradução do texto guiamo-nos pelos tradutores alemães Rudolf Backofen e Werner Zimmermann, versão essa considerada bem próxima do original.

Sendo que a escrita chinesa usa de ideogramas em vez de letras, cada palavra permite vastas possibilidades de sentido e variantes. Basta lembrar que os referidos tradutores recorrem a mais de trinta palavras diferentes para exprimir o sentido do ideograma chinês para *Tao*; não estão interessados em reproduzir o corpo da palavra, mas sim a alma do texto, de acordo com o contexto.

Na escrita ideográfica trata-se mais de sentir, adivinhar, farejar o sentido exato de cada símbolo, do que, propriamente, transliterar o respectivo ideograma.

Por essa razão os leitores da presente versão provavelmente estranharão termos que não encontraram em outras traduções. A *organicidade elástica* de um ideograma oriental permite grande número de variantes, quando expressa pela *mecanicidade rígida* de um vocabulário ocidental.

Aliás, o mal de quase todas as traduções que conheço — mesmo sem se tratar de Tao, nem de ideogramas — está no fato de pecarem ao tentar traduzir mecanicamente, de vocábulo para vocábulo, o corpo de um livro, em vez de interpretarem organicamente a alma do livro.

O conhecido ditado italiano *tradutore traditore* (o tradutor é traidor) é justificado no caso de se fazer uma tradução mecânica, em vez de uma transladação orgânica — como se o pensamento fosse algo parecido com um computador material, e não uma entidade espiritual.

Traduzir sem trair é obra de um verdadeiro artista; não basta inteligir o corpo do livro, é necessário sentir-lhe também a alma.

Nesta tradução de *Tao Te Ching* fizemos o possível para interpretar o *espírito* do livro, sacrificando por vezes a *letra*.

PARA COMPREENDER TAO

Deus, *Brahman*, *Yahveh*, *Tao* — que é que se entende por essas palavras?

Para muitos, Deus é uma espécie de ditador celeste, uma pessoa que vigia os homens de longe e registra os seus créditos e débitos, premiando-os ou castigando-os depois da morte, mandando os bons para um céu eterno e os maus para um inferno eterno.

Esse infantilismo primitivo domina as teologias cristãs de quase dois mil anos e, embora haja grandes variantes dessa concepção de Deus, no fundo é essa ideia antropomorfa.

Entretanto, essa concepção nada tem que ver com Tao.

No seu livro *Mein Wetbild*, descreve Einstein, maravilhosamente, três tipos da concepção de Deus: 1) O conceito do Deus-máquina, entre os povos mais primitivos; 2) o conceito do Deus-pessoa, entre os hebreus do Antigo Testamento, em geral, e entre os cristãos de todos os tempos e países; 3) o conceito do Deus--cósmico, professado por uns poucos místicos avançados, cujos representantes ultrapassam igrejas e teologias e encontram-se, esporadicamente, entre todos os povos e em todas as religiões. Einstein enumera, entre os da terceira classe, Demócrito, Francisco de Assis e Spinoza, quer dizer, um pagão, um cristão e um hebreu, dizendo que eles são irmãos na mesma fé.

Lao-Tsé e seu conceito de Tao poderiam ser incluídos no terceiro grupo, dos místicos cosmo-sapientes.

A elite espiritual dos povos orientais e os verdadeiros místicos do Ocidente são os representantes mais avançados da cultura espiritual da humanidade; todos eles professam a ideia do Deus--cósmico. Não são politeístas, nem panteístas, nem mesmo monoteístas — são monistas cósmicos.

O monoteísta reconhece um só Deus-pessoa, residente no céu. Os hebreus, no tempo de Moisés, nunca chegaram à ideia de um Deus único para o mundo inteiro; admitiam um Deus único para Israel, o Deus dos Exércitos. O monoteísmo nunca atingiu as alturas do verdadeiro monismo. Todo monoteísta é dualista, isto é, admite a existência de um Deus transcendente, de um Deus-pessoa, residente em alguma região longínqua do cosmos, com o qual o homem espera encontrar-se depois da morte.

Esse conceito do encontro com Deus num tempo futuro e num espaço distante é comum a todos os monoteístas. Essa concepção monoteísta-dualista de Deus contagiou, desde o princípio, o cristianismo ocidental, o que é perfeitamente compreensível, uma vez que os primeiros discípulos de Jesus vinham do judaísmo. Até hoje o cristianismo teológico do Ocidente não se libertou totalmente dessa herança. Os místicos cristãos, adeptos do monismo cósmico, foram por isso mesmo perseguidos, excomungados, ou, pelo menos, considerados suspeitos de heresia. Quando uma criança pensa em termos de adulto, deixa de ser criança, e os jardins de infância a expulsam como elemento estranho.

Quanto mais o homem se cosmifica ou universifica, tanto menos unilateral se torna e tanto mais onilateral é a sua sabedoria. A luz colorida no seu modo de pensar humano revela a luz incolor da sua experiência divina, origem de todas as cores.

Para o monista cósmico, Deus é a Realidade Una e Única, o grande Uno da Essência, que sempre de novo se revela pela pluralidade das existências, por meio do Verso das criaturas. As criaturas não são novas realidades, mas apenas novas manifestações da única Realidade; são o Uno da Essência Infinita que se "verte" (verso) ou se esparrama no Verso das existências finitas.

Em face da onipresença do Infinito é evidente que todos os finitos estão presentes no Infinito e que o Infinito está presente em todos os finitos.

O monismo, assim concebido, é rigorosamente lógico e revela uma acribia de precisão matemática.

Toda a filosofia ou sabedoria superior culmina infalivelmente no monismo cósmico, equidistante do dualismo separatista e do panteísmo identificador. Para o monista, tudo está em Deus, e Deus está em tudo — mas tudo não é Deus, nem Deus é tudo; as criaturas não estão separadas de Deus, nem são idênticas a Deus.

Todos os verdadeiros gênios da humanidade pensavam e sentiam em termos de monismo cósmico, cujo exemplo mais brilhante é o Cristo do Evangelho.

E como poderia Lao-Tsé, o grande gênio da sabedoria chinesa, ter pensado e sentido de outro modo? Por meio dos 81 capítulos brevíssimos do *Tao Te Ching*, lança-se, como um fio de luz, a experiência do Infinito, do Absoluto, do Uno, que se manifesta através dos Finitos, dos Relativos, do Verso.

A sabedoria de Lao-Tsé é tipicamente univérsica:* do Uno emana o Verso; o Verso está no Uno e, embora o Uno do Infinito transcenda todo o Verso dos Finitos, estes estão imanentes naquele.

O Tao, em torno do qual gira este livro, pode ser considerado como a Divindade, o Absoluto, o Infinito, o Eterno, o Insondável, o Uno, o Todo, a Fonte, a Causa, a Realidade, a Alma do Universo, a Vida, a Inteligência Cósmica, a Consciência Universal, etc.

Enquanto o leitor não se identificar totalmente com essa consciência univérsica do monismo cósmico de Lao-Tsé não compreenderá a alma do *Tao Te Ching*.

---

* Ver a página 20.

O DIAGRAMA CHINÊS *TEI-GI**

Huberto Rohden

A bipolaridade complementar do Cosmos, que permeia toda a filosofia de Lao-Tsé, é maravilhosamente simbolizada pelo antiquíssimo diagrama chinês chamado *tei-gi*.

Analisando a gênese deste símbolo, podemos dizer: o círculo incolor e vácuo representa a TESE do Absoluto, *Brahman*, a Divindade, como o puro Ser.

Esse círculo incolor e indefinido do Absoluto evolve rumo aos Relativos do Devir, aparecendo como positivo e negativo, *yang* e *yin*, masculino e feminino, céu e terra; o simples Ser de *Brahman* tornou-se o Criador *Brahma*, iniciando o drama da evolução.

---

* Este diagrama chinês (mandarim) não existe na forma como é apresentado neste livro. O *tei-gi* é um símbolo que facilita a compreensão da filosofia de Lao-Tsé. (N.E.)

Essas duas Antíteses amadurecem na Síntese, rumo à Tese inicial, integrando-se nela sem se diluir — de maneira que a *Tese Cósmica*, passando pelas *Antíteses Telúricas*, culmina na *Síntese Cosmificada*.

E o que se dá, automaticamente, no Cosmos Sideral pode acontecer espontaneamente no Cosmos Hominal, pelo poder criador do livre-arbítrio humano.

O *tei-gi* simboliza a quintessência da filosofia de Lao-Tsé, o alfa e o ômega de Tao e da mentalidade chinesa — coincidindo, basicamente, com a nossa Filosofia Univérsica.

TAO TE CHING

O LIVRO QUE REVELA DEUS

1

O uno e o verso do Universo

O Insondável (Tao) que se pode sondar
Não é o verdadeiro Insondável.
O Inconcebível que se pode conceber
Não indica o Inconcebível.
No Inominável está a origem do Universo.
O que é Nominável constitui a mãe de todos os seres.
O Ser indigita a Fonte Incognoscível.
O Existir nos leva pelos canais cognoscíveis.
Ser e Existir são a Realidade total.
A diferença entre Ser e Existir
É apenas de nomes.
Misterioso é o fundo
Da sua unidade.
Eis em que consiste a sabedoria suprema.

EXPLICAÇÃO FILOSÓFICA:

Tao é a Realidade Insondável, o *Brahman* Absoluto, a Divindade Transcendente, que, como tal, não é acessível ao nosso conhecimento finito. Tao, o Ser Ontológico, ultrapassa todo o nosso conhecer lógico. Só conhecemos a Divindade Transcendente na forma do Deus Imanente. O nosso conhecer finito finitiza o Ser Infinito.

Tao é em si mesmo anônimo, inominável. Quando o nominamos, reduzimos a um plano finito o Infinito, relativizamos o Absoluto, parcializamos o Todo, colorimos o Incolor, personalizamos o Impersonal. O que se pode dizer e pensar não é a Realidade Absoluta, que é indizível e impensável. Através dos óculos da nossa finitude humana enxergamos a Infinitude Divina, visualizando-a assim como nós somos, mas não assim como ela é.

O Ser e o Existir, a Essência e a Existência, o Uno e o Verso constituem o Universo, a Unidade do Real na Diversidade dos Realizados, que é a Realidade Total.

A Plenitude do Todo nos afeta como sendo a Vacuidade do Nada. Quem olha diretamente para a pleniluz solar não enxerga nada — por excesso de luz. A Essência do Ser é para o nosso conhecer como se fosse o Nada.

Para nós, somente o Algo Existencial é objeto de conhecimento — o Todo Essencial é totalmente incognoscível, como se fosse o puro Nada. Toda a sabedoria consiste em evacuarmos essa Vacuidade, em nulificarmos essa Nulidade, não para enxergarmos o Todo da Essência, mas para sermos invadidos pelo Todo.

Em linguagem matemática diríamos: o "1" representa o Todo da Essência Infinita; o "0" simboliza o Nada da não Essência; mas, se colocarmos o Nada da não Essência do lado direito do Todo da Essência, resulta o Algo da Existência: 10, 100, 1.000, etc.

O Infinito gera do *seio do Nada* o *Finito* ou o *Algo*.

O Algo Existencial é filho do Todo Essencial *gerado no seio do Nada*.

Brahman, o Pai Infinito, gera os mundos, pelo seio de *Maya*, Mãe de Todos os Finitos: 1.000.000.

Os nossos algarismos, que costumamos chamar arábicos, tiveram origem na Índia; o "1" simboliza o masculino; o "0" representa o feminino, e da união desses dois nascem todas as Existencialidades.

Intuir essa Verdade é Sabedoria suprema, diz Lao-Tsé.

Sabedoria ou Sapiência não é inteligência. Saber é saborear experiencialmente, intuitivamente, não é pensar analiticamente.

A ciência é o produto da inteligência — a sapiência é dádiva da razão.

A ciência vem do pequeno ego — a sapiência brota da Fonte do grande Cosmos, que no homem se revela como o Eu e flui pelos canais humanos, se esses estiverem devidamente desegoficados e firmemente ligados à Fonte cósmica.

A cosmoplenitude plenifica a egovacuidade.

2

Síntese das antíteses

Só temos consciência do belo
Quando conhecemos o feio.
Só temos consciência do bom
Quando conhecemos o mau.
Porquanto o Ser e o Existir
Se engendram mutuamente.
O fácil e o difícil se completam.
O grande e o pequeno são complementares.
O alto e o baixo formam um todo.
O som e o silêncio formam a harmonia.
O passado e o futuro geram o tempo.
Eis por que o sábio age
Pelo não agir.
E ensina sem falar.
Aceita tudo que lhe acontece.
Produz tudo e não fica com nada.
O sábio tudo realiza — e nada considera seu.
Tudo faz — e não se apega à sua obra.
Não se prende aos frutos da sua atividade.
Termina a sua obra
E está sempre no princípio.
E por isso a sua obra prospera.

EXPLICAÇÃO FILOSÓFICA:

Neste capítulo proclama Lao-Tsé a grande lei da bipolaridade do Universo e de todas as coisas. Nada é somente o Uno, e nada é somente o Verso — tudo é Universo, unidade na diversidade, equilíbrio dinâmico, harmonia cósmica.

Não há círculos unicêntricos no Universo, há tão somente elipses bicêntricas, quer no mundo dos átomos, quer no mundo dos astros.

E, como o *ánthropos* é um microcosmo, feito à imagem e semelhança do grande *kósmos*, deve também o homem obedecer à mesma lei da bipolaridade, que rege o macrocosmo.

Quem só enxerga o belo no belo e o bom no bom é unicêntrico, monótono, acósmico, ou anticósmico, porque unipolarizado. Para ser bipolarizado, univérsico, como o cosmos, deve o homem ver o belo e o feio, o bom e o mau, como duas antíteses complementares, que se integram na grande síntese, sem se diluírem nela. Se o belo e o feio e se o bom e o mau fossem duas antíteses contrárias, em vez de complementares, nunca poderiam integrar-se numa síntese harmoniosa, feita de unidade na diversidade.

Essa bipolaridade univérsica rege o mundo infinitamente pequeno dos átomos, onde os elétrons negativos giram elipticamente em torno do seu próton positivo; rege o mundo infinitamente grande dos astros, onde os planetas traçam a sua órbita elíptica em torno do seu sol; rege o mundo misterioso da eletricidade e da eletrônica, onde luz, calor, movimento, som e cores são produzidos por dois polos, o ânodo (positivo) e o cátodo (negativo); rege o mundo de todos os seres vivos superiores, que só existem graças aos polos masculino-dativo e feminino-receptivo.

O Ser Infinito, que se revela nos Existires Finitos; o Criador-Uno, que se manifesta nas Criaturas-Verso, *Brahman*, revelado e velado por *Maya* — são expressão da bipolaridade do Universo.

Quando então o homem possui a reta experiência cósmica do seu Ser, pratica ele a reta vivência ética no seu agir: age dinamicamente, sem ruído nem afobação; age extensamente em virtude da sua profunda intensidade. Ensina silenciosamente pelo que ele é internamente, e não pelo que diz ou faz externamente no plano do seu agir. Trabalha intensamente, como diz *Krishna*, mas renuncia a cada passo aos frutos do seu trabalho; depois de ter feito tudo o que devia fazer, o sábio diz, segundo as palavras do Cristo: agora sou servo inútil; cumpri a minha obrigação, nenhuma recompensa mereço por isso.

O sábio desaparece sempre por detrás das suas obras, ele é tão anônimo como Tao, cuja ausência invisível realiza todas as presenças visíveis. É ativo na passividade.

O sábio está invisivelmente presente em suas obras e visivelmente ausente de todas elas, porque ele age pelo seu Ser, muito mais pelo seu Fazer ou Dizer. Age sem Agir. É cosmo-agido, e não ego-agente.

Neste capítulo celebra Lao-Tsé a apoteose do homem univérsico, cuja invisível Fonte "Eu" fez fluir as águas vivas pelos canais visíveis do seu "ego", assim como, no cosmos sideral, o Uno Infinito se revela em todos os Versos Finitos.

Toda a sabedoria está em que o Verso (ego) se deixe sempre guiar pelo Uno (Eu); que este vá sempre na vanguarda, e aquele na retaguarda.

Profano = Verso sem Uno.

Místico = Uno sem Verso.

Cósmico = Uno e Verso — Universo.

3

Agir pela não interferência

Não exaltes os homens eminentes.
Para que não surja rivalidade entre o povo.
Não exibas os tesouros raros,
Para que o povo não os ambicione.
Não despertes as cobiças,
Para que as almas não sejam profanadas.
O governo do sábio não desperta paixões,
Mas procura manter o povo na sobriedade,
E dar-lhe as coisas necessárias.
Não lhe oferece erudição,
Mas dá-lhe cultura do coração.
O sábio governa pelo não agir.
E tudo permanece em ordem.

EXPLICAÇÃO FILOSÓFICA:

É importante manter a distância entre o governo e o povo. A democracia meramente horizontal é autodestruidora. Deve haver, na democracia, um princípio de hierarquia, de desnível; do contrário, o nivelamento entre governante e governados degenera em entropia paralisante — como um lago que não move uma turbina, porque lhe falta o desnível ectrópico da cachoeira. Sendo que o governo meramente democrático é o regime de ego para ego, sem nenhuma referência ao Eu, toda a democracia, sendo liberdade sem autoridade, acaba fatalmente num caos centrífugo, por falta de um princípio de coesão centrípeta. Verso sem Uno dá caos — somente Verso regido pelo Uno dá harmonia.

Este capítulo visualiza o futuro da democracia em forma de cosmocracia, que é igualdade horizontal com desigualdade vertical. O governo não pode ser simplesmente um cidadão democrático, mas deve revestir-se, também, de algo hierárquico ou cósmico.

A *Politeia* (*República*) de Platão advoga, basicamente, esse mesmo princípio de entropia ectrópica, de nível compensado pelo desnível, de horizontalidade sublimada pela verticalidade.

4

Transcendência incognoscível

Tao é a Fonte do profundo silêncio.
Que o uso jamais desgasta.
É como uma vacuidade,
Origem de todas as plenitudes do mundo.
Desafia as inteligências aguçadas.
Desfaz as coisas emaranhadas,
Funde, em uma só, todas as cores,
Unifica todas as diversidades.
Tao é a Fonte do profundo silêncio.
Atua pelo não agir.
Ninguém lhe conhece a origem,
Mas é o gerador de todos os deuses.

EXPLICAÇÃO FILOSÓFICA:

Qualquer finito em demanda do Infinito está sempre a uma distância infinita. Nenhum cognoscente finito poderá compreender o incognoscível do Infinito.

Tao, a Realidade, o Todo, o Transcendente, se nos apresenta como se fosse o Nada, porque, aos olhos de nosso Algo humano, o Todo da Divindade parece ser absoluta nulidade.

Nenhuma inteligência analítica pode abranger a Realidade Infinita. Tudo que a inteligência explica, implica ou complica é desfeito, num instante, pela visão intuitiva da Realidade.

O prisma multicor das coisas finitas, que os sentidos percebem e a inteligência analisa, é projeção da Luz Incolor do Infinito.

Todas as coisas várias que o homem percebe e concebe na zona do Verso são o Uno da Realidade de Tao, que foi vertido (verso) nesses efeitos.

Tao, a Divindade, não tem filiação — porque é a única paternidade. Ele é o Uno da Causa Única, que se manifesta no Verso dos efeitos múltiplos.

5

Vemos Tao como nós somos e não como ele é

O universo não tem preferências,
Todas as coisas lhe são iguais.
Assim, o sábio não conhece preferências,
Como os homens as conhecem.
O Universo é como o fole de uma forja,
Que, embora vazio, fornece força,
E tanto mais alimenta a chama quanto mais o acionamos.
Quanto mais falamos no Universo,
Menos o compreendemos.
O melhor é auscultá-lo em silêncio.

EXPLICAÇÃO FILOSÓFICA:

O Infinito do Uno não tem atributo algum; mas o Verso do nosso Finito lhe atribui os nossos próprios atributos. Quanto mais o homem se universifica, tanto mais se impersonaliza. O ar que enche um fole não é visível, assim como invisível é a Realidade do sábio. O nosso muito falar nos afasta de Deus, o nosso dinâmico calar atrai Deus a nós. Só quem se integra em Deus sabe o que é Deus.

6

Todos os vivos nascem e morrem – mas a vida é imortal

Imperecível é o espírito da profundeza,
Como o seio profundo da maternidade.
Céus e terra radicam no seio da mãe.
São a origem de todos os vivos,
Que espontaneamente brotam da Vida.

EXPLICAÇÃO FILOSÓFICA:

Lao-Tsé, na sua vidência cósmica, enxerga o Universo como um abismo de ilimitadas potencialidades de cuja essência Infinita brotam sem cessar as existências finitas. Todos os seres vivos individuais surgem sempre de novo da Vida Universal, quando nascem; e regressam a esse mar imenso de Vida, quando deixam de ser indivíduos vivos — assim como as ondas do oceano nascem do seio das águas imensas e recaem a esse mesmo seio. O vivo nasce quando emerge da Vida e morre quando mergulha novamente nessa Vida. A Vida é sem princípio nem fim, mas os vivos têm princípio e fim.

A célebre questão sobre "a origem da Vida", tão discutida pelos cientistas, é uma questão absurda porque a Vida não tem origem, nem terá fim; somente os vivos têm princípio e têm fim. Começar a existir como vivo é nascer, deixar de existir como vivo é morrer — mas o nascer e o morrer nada têm que ver com a Vida. A inexatidão da terminologia é causa de estéreis controvérsias.

A Vida é.

Os vivos existem e des-existem.

7

Desinteresse, caminho da prosperidade

Eternos são o céu e a terra,
Porque não são autoexistentes,
Porque radicam em algo
Além deles mesmos.
Esta é a razão da sua eternidade.
Assim é o sábio,
Quando não é ego-vivente,
Quando não se interessa por si mesmo.
É por isso que se realiza.
Não cuida do seu ego,
E por isto o seu Eu prospera.
É esta a reta ordem cósmica:
Somente o desinteressado se autorrealiza.

EXPLICAÇÃO FILOSÓFICA:

Assim como no Universo sideral o Verso da existência não nasce do Verso, mas do Uno da essência, assim também, no Universo hominal, o ego não se pode perpetuar ou imortalizar pelo próprio ego, mas somente pelo Eu. Quem procura perpetuar-se pelo ego se destrói, mas quem integra o ego no Eu, esse imortaliza o Eu, e, sendo o Eu o Todo, imortaliza também a parte, que é o ego.

Essa verdade da filosofia de Lao-Tsé está claramente expressa no Evangelho do Cristo: "Quem quiser salvar a sua vida (ego) perdê-la-á, mas quem perder a sua vida (ego) por amor a mim, (Eu) este a salvará".

Matematicamente, poderíamos ilustrar essa verdade do modo seguinte: quem quiser salvar o 10, mas sacrificar o 100, perderá o 100 e o 10; mas quem não se interessa por salvar o 10, salvando somente o 100, salvará tanto o 100 como o 10.

O Tao do Universo é de uma lógica absoluta de pura matemática. Por isso escreveu Einstein: "O princípio criador reside na matemática".

Essa filosofia — seja de Lao-Tsé, seja do Cristo, seja de Einstein — é genuína Filosofia Univérsica.

8

A sabedoria da não violência

Vida verdadeira é como a água:
Em silêncio se adapta ao nível inferior,
Que os homens desprezam.
Não se opõe a nada,
Serve a tudo.
Não exige nada,
Porque sua origem é da Fonte Imortal.
O homem realizado não tem desejos de dentro,
Nem tem exigências de fora.
Ele é prestativo em se dar
E sincero em falar,
Suave no conduzir,
Poderoso no agir.
Age com serenidade.
Por isso é incontaminável.

EXPLICAÇÃO FILOSÓFICA:

Haverá coisa mais frágil do que a água? Ela, que em pedra dura tanto dá até que fura? Onde não há água não há Vida; a Vida nasce e vive na água. Isso acontece até com as células do nosso corpo. A água é o símbolo da fraqueza poderosa, assim como a Vida é a onipotência da impotência.

Tao é eternamente silencioso, por isso realiza todas as coisas poderosas. É um silêncio dinâmico, como é o homem sábio, silenciosamente realizador.

Age pelo não agir.

9

Fazer o necessário e não o supérfluo

Só se pode encher um vaso até a borda —
Nem uma gota a mais.
Não se pode aguçar uma faca,
E logo testar a sua agudeza.
Não se pode acumular ouro e pedras preciosas,
Sem ter lugar seguro para guardá-los.
Quem é rico e estimado,
Mas não conhece a sua limitação,
Atrai a sua própria desgraça.
Quem faz grandes coisas,
E delas não se envaidece,
Esse realiza o céu em si mesmo.

EXPLICAÇÃO FILOSÓFICA:

O homem sábio deve ser equilibrado em tudo, como o próprio Universo, cujo Uno nunca destoa do Verso. Quando o homem-ego pretende fazer mais do que o homem-Eu permite, o desequilíbrio é infalível — e o desequilíbrio é a infelicidade do homem. O homem deve, em tudo, ser universificado, agindo de dentro para fora.

10

Rumo à profundeza da vida

O poder do espírito
E a harmonia das forças
Preservam da dispersão a vida.
Assim procedendo, se torna o homem
Semelhante à criança,
Clarificando sempre sua visão
E purificando sempre sua vida.
Segue as suas veredas
Sem jamais aberrar.
Quem conduz seu povo com amor
Permite que ele mesmo se harmonize,
Amparando-o em tempos de fortuna
E nas horas de infortúnio.
Quem possui verdadeira sapiência
Não necessita de erudição,
Sabe criar valores,
E não os guarda para si,
Sabe agir sem se apegar
À sua atividade,
Sabe conduzir sem impelir —
E nisso reside a finalidade da vida.

EXPLICAÇÃO FILOSÓFICA:

Saber tratar de coisas externas sem perder a concentração interna, ser místico por dentro e ser ativo por fora; possuir toda a sabedoria intuitiva sem se derramar pela ciência analítica; poder ser intensamente produtivo sem nada reter para si; poder agir sem se perder na atividade; poder guiar outros sem os constranger — quem isso pode fazer é um sábio.

11

A atuação do invisível no visível

Trinta ralos convergentes no centro
Tem uma roda,
Mas somente os vácuos entre os raios
É que facultam seu movimento.[1]
O oleiro faz um vaso, manipulando a argila,
Mas é o oco do vaso que lhe dá utilidade.
Paredes são massas com portas e janelas,
Mas somente o vácuo entre as massas
Lhes dá utilidade —
Assim são as coisas físicas,
Que parecem ser o principal,
Mas o seu valor está no metafísico.

---

[1] Lao-Tsé se refere, provavelmente, à roda de um moinho de vento, que não funcionaria se não houvesse interstícios entre as palhetas, por onde passa o vento.

EXPLICAÇÃO FILOSÓFICA:

O invisível age pelo visível. A metafísica do Uno se revela na física do Verso. A aparente passividade da alma se manifesta pela atividade do corpo. A causa eterna subjaz a todos os efeitos temporários. A essência se revela em todas as existências. Quando o Todo, que é, age pelo Nada, que não é — então Algo começa a existir. Os fatos não criam valores, mas o valor produz os fatos.

12

Através dos visíveis rumo ao invisível

O excesso de luz cega a vista.
O excesso de som ensurdece o ouvido.
Condimentos em demasia estragam o gosto.
O ímpeto das paixões perturba o coração.
A cobiça do impossível destrói a ética.
Por isto, o sábio em sua alma
Determina a medida para cada coisa.
Todas as coisas visíveis lhe são apenas
Setas que apontam para o Invisível.

EXPLICAÇÃO FILOSÓFICA:

O verdadeiro sábio tem a intuição de que todas as coisas empírico-mentais não são fins em si mesmas, mas apenas meios para alcançar um fim superior.

O profano só conhece os meios e ignora o fim.

O místico só conhece o fim e despreza os meios.

O homem cósmico alcança os fins através dos meios.

É este o homem integral — que vive universicamente.

13

Atitude reta do eu para atos corretos do ego

Favor e desfavor geram angústia.
Honras geram dissabores para o ego.
Por que é que favor e desfavor geram dissabores?
Porque quem espera favor paira na incerteza,
Sem saber se o receberá.
Quem recebe favor também paira na incerteza:
Não sabe se o conservará.
Por isso causam dissabor
Tanto o favor como o desfavor.
Por que é que as honras geram dissabor?
Todo dissabor nasce do fato
De alguém ser um ego.
E não é possível contentar o ego.
Se eu pudesse libertar-me do ego,
Não haveria mais dissabores.
Por isto:
Quem se mantém liberto de favores e desfavores
Liberta-se da idolatria do ego.
Só pode possuir o Reino
Quem está disposto a servir desinteressado,
A esse se pode confiar o Reino.

EXPLICAÇÃO FILOSÓFICA:

Essas palavras de Lao-Tsé são tão evidentes como a voz da sapiência em si mesma. Toda e qualquer esperança ou receio de receber favor ou desfavor gera inquietação, porque nasce da fonte impura da egoidade e da egocracia. Quem nada espera e nada receia, mas tudo aceita serenamente, esse é sábio e feliz, vive na cosmocracia. Todos os nossos males nascem da nossa ego-consciência, e todos os nossos bens brotam da nossa Cosmo--consciência. Permitir que as águas vivas da Fonte Infinita fluam livremente pelos nossos canais finitos — isto é suprema sabedoria e perfeita felicidade.

14

A visão da realidade retifica todas as facticidades

Quem quer ver a Divindade
Não a verá,
Porque ela é invisível.
Quem quer ouvir a Divindade
Não a ouvirá,
Porque ela é inaudível.
Quem quer tanger a Divindade
Não a tangerá,
Porque ela não tem forma.
Nenhum caminho parcial
Conduz à meta total.
Só na visão do Todo se encontra a Divindade,
E então a superfície parece tenebrosa escuridão,
Enquanto a profundeza parece luminosa superfície.
Nunca a Divindade é inteligível,
Ela permeia o Universo sem fim

E gira pelo Todo como se fosse o Nada.
A Divindade é uma forma sem forma.
A Divindade é o Ser sem Existir,
É o mais Insondável de todos os insondáveis.
Quem encara a Divindade não lhe vê a face.
Quem segue o Infinito o verá sempre fugitivo.
Só quem sintoniza com o Infinito,
Esse o conhece realmente,
Como os antigos o conheciam,
Eles, que sabiam que todos os visíveis
Nascem do Invisível.

EXPLICAÇÃO FILOSÓFICA:

Aqui Lao-Tsé frisa, mais uma vez, a verdade fundamental: que a Divindade, o Infinito, o Absoluto, o Uno, não é objeto para a empiria sensorial nem para a análise intelectual; quem quer conhecer o Tao não o deve querer conquistar nem invadir, mas deve ser por ele conquistado e invadido. A ego-vacuidade atrai a cosmo-plenitude — mas nenhuma vacuidade pode criar a plenitude. O silêncio auscultativo da alma escuta o silêncio eloquente do Espírito. Toda a arte de conhecer Tao está em saber preparar-se para sua visita, sua revelação, sua invasão.

15

A originalidade, segredo dos mestres

Os antigos Mestres da vida
Eram profundamente identificados
Com as potências vivas do Cosmos.
Em sua profunda interioridade
Jaziam a grandeza e o poder
Da sua dinâmica atividade.
Quem compreende, hoje em dia, esses homens?
Sábios eram eles,
Como barqueiros que cruzam um rio
Em pleno inverno;
Cautelosos eram eles,
Como homens circundados de inimigos;
Reservados eram eles,
Como se hóspedes fossem;
Amoldáveis eram eles,
Como gelo que se derrete;

Autênticos eram eles,
Como o cerne de madeira de lei;
Amplos eram eles,
Como vales abertos;
Impenetráveis eram eles,
Como águas turvas.
Impenetrável também nos parece
A sua vasta sabedoria.
Quem pode compreendê-la atualmente?
Quem pode restituir a vida
Ao que tão morto nos parece?
Só quem sintoniza com a alma do Infinito!
Só quem não busca o seu próprio ego,
Mas demanda o seu Eu real,
Mesmo quando tudo lhe falta.

EXPLICAÇÃO FILOSÓFICA:

Essa apoteose da sabedoria eterna faz lembrar os mais elevados píncaros da sapiência de Salomão, de Krishna e do próprio Cristo. A fonte de todas as coisas grandes, que se revelam por fora, brota das profundezas da interioridade, da intuição da essência divina do homem. Essas palavras de suprema sabedoria foram escritas seis séculos antes da Era Cristã. Não terá havido uma tremenda decadência nesses vinte e seis séculos? Verdade é que, ainda hoje, existe, em alguns Mestres, essa sabedoria — mas quão poucos são eles! A massa profana ignora, tripudia, sobre as coisas sagradas e executa a sua dança macabra em torno do bezerro de ouro — enquanto Moisés trava o seu silencioso solilóquio com o Infinito, no impenetrável cume do Sinai.

Mas... uma pequena elite anônima preserva da extinção o fogo sagrado.

16

Cumprimento da ordem cósmica

Quem se ergue às alturas sem desejos
Enche de silêncio o coração.
E, ainda que todas as turbas ruidosas
Assaltem o homem isento de desejos,
Ele habita em profundo silêncio,
Contemplando, sereno, o louco vai e vem,
Porquanto tudo o que existe
É um incessante vir e voltar,
Um nascer e um morrer.
O que retorna volta ao Imperecível.
Quem isso compreende é sábio.
Quem não o compreende é autor de males.
Quem é empolgado pela alma do Universo
Alarga o seu coração.
E o homem de coração largo
É tolerante,
E o tolerante é nobre.
O homem nobre cumpre a ordem cósmica.
E quem cumpre esta ordem
Se identifica com Tao, o Infinito.
É imortal como Tao
E não subjaz a destino algum.

EXPLICAÇÃO FILOSÓFICA:

Quando o homem ego-pensante se torna cosmo-pensado cedo ou tarde acaba por ser cosmo-pensante: o seu pequeno pensar egoico passa a expandir-se no grande pensar cósmico. No princípio, parece que o seu ego-humano sofre prejuízo, perecendo; mas, por fim, verifica que, na linguagem do Mestre, o grão de trigo (ego) não morre realmente, mas expande a sua estreiteza na largueza da planta frutífera (Eu).

As palavras de Lao-Tsé acima reproduzidas são uma perfeita paráfrase dessas palavras do Nazareno, ou ainda das palavras de Paulo de Tarso: "Eu morro todos os dias — e é por isso que eu vivo".

Todas as verdades dos grandes Mestres da humanidade aparecem sob a forma de paradoxos.

17

A aparente ausência dos grandes chefes

A presença de um verdadeiro chefe de Estado
É sentida pelo povo como ausência.
Os maiores são amados e louvados,
Os medíocres são ignorados,
Os ambiciosos são desprezados.
Quando um soberano confia em seu povo,
O povo confia nele.
Os chefes sábios são ponderados em suas palavras;
O que eles fazem é bom,
Desempenham a sua tarefa —
Mas o povo tem a impressão
De se guiar a si mesmo.

EXPLICAÇÃO FILOSÓFICA:

É esta a imagem da verdadeira cosmocracia, a forma perfeita da democracia: cada cidadão é governado por sua própria consciência e, embora obedeça a leis externas, tem a impressão de não obedecer a nenhum governo externo, senão apenas ao próprio governo interior, que é a consciência cósmica. Quanto menos o povo percebe a presença do governo de fora, tanto melhor, porque o governo de dentro é tão imperceptível e imponderável como o ar, como a luz, como a vida, cuja presença benéfica todos ignoram.

O homem integral é um homem autogovernado, cosmo-governado, cristo-governado.

18

A tirania da inteligência derrotando a soberania da razão

A moralidade e o direito nasceram
Quando o homem deixou de viver
Pela alma do Universo.
Com a tirania do intelecto
Começou a grande insinceridade;
Quando se perdeu a noção da alma,
Foi decretada a autoridade paterna
E a obediência dos filhos.
Quando morreu a consciência do povo,
Falou-se em autoridade do governo
E lealdade dos cidadãos.

EXPLICAÇÃO FILOSÓFICA:

A tirania do ego intelectual sobre o Eu racional é a raiz do caos e da infelicidade da humanidade. O ego intelectual, sendo unilateral, causa desequilíbrio na vida humana, ao passo que o Eu racional (espiritual), sendo unilateral, cria perfeita harmonia na vida.

A evolução do homem começa nos sentidos, passa pela inteligência e culmina na razão, no Logos — ou, segundo Teilhard de Chardin, a trajetória evolutiva do homem vai da *hilosfera* (material) pela *biosfera* (vital) e *noosfera* (intelectual) e culminará, um dia, na *logosfera* (racional), estágio representado, no planeta Terra, pelo Cristo, que no quarto Evangelho é chamado o Logos (Razão).

O direito, sinônimo de egoísmo, criado pela inteligência, é, segundo um jurista romano, o maior inimigo da justiça, sinônimo de Verdade e Amor:

Summum ius — summa iniuria.

A humanidade não atingiu ainda o zênite da sua evolução porque é, ainda, dominada pelo ego do Anticristo, e não pelo Eu do Cristo.

Por Moisés foi dada a lei (direito do ego) — pelo Cristo veio a Verdade, veio a Graça (justiça do Eu).

Lao-Tsé usa os termos "alma" e "consciência" para designar a Razão ou o Espírito do Eu central.

19

O fundamento da verdadeira ética

(continuação do precedente)

De mil benefícios goza um povo
Quando não se fala mais em ser
Virtuoso nem santo.
Verdadeira reverência e amor sincero
Medram em uma sociedade
Em que o direito e a moral deixam de ser prescritos.
A ordem não reina em uma sociedade
Onde o interesse determina o agir.
Esses princípios não podem ser prescritos,
Mas devem ser vividos.
Somente onde eles são vivenciados
É que ajudam os homens.
A ética genuína só existe
Onde o homem vive de dentro da sua fonte
E age pela pureza do seu coração;
Onde a genuinidade do seu ser
Se revela em atos desinteressados
E isentos de desejos.

EXPLICAÇÃO FILOSÓFICA:

Sempre de novo volta Lao-Tsé ao princípio básico de que os atos, que fluem pelos canais do ego humano, devem receber as águas vivas da fonte do Eu cósmico; que nenhum homem pode ser fonte, mas todos funcionam como canais, que devem manter-se livres e desobstruídos de qualquer impureza egoica e estar firmemente ligados à Fonte cósmica. É a eterna repetição do primeiro mandamento da mística: "Amarás o Senhor teu Deus...", e do segundo mandamento da ética: "Amarás o teu próximo como a ti mesmo".

A paternidade única de Deus — na fraternidade universal dos homens.

A profunda vertical da mística — revelada na vasta horizontal da ética.

20

O aparente fracasso do homem espiritual

Renunciai à vossa pretensa cultura,
E todos os problemas se resolvem.
Oh! quão pequena parece a diferença
Entre o sim e o não!
Quão exíguo o critério
Entre o bem e o mal!
Como é tolo não respeitar
O que merece ser respeitado de todos!
Ó solidão que me envolve todo!
Todo o mundo vive em prazeres
Como se a vida fosse uma festa sem fim,
Como se todos sorrissem em perene primavera!
Somente eu estou só...
Somente eu não sei o que farei...
Sou como uma criança que desconhece sorriso.
Sou como um foragido

Sem pátria nem lar...
Todos vivem na abundância,
Somente eu não tenho nada...
Sou um ingênuo, um tolo...
É mesmo para desesperar...
Alegres e sorridentes andam os outros!
Deprimido e acabrunhado ando eu...
Circunspectos são eles, cheios de iniciativa!
Em mim, tudo jaz morto.
Inquieto, como as ondas do mar,
Assim ando eu pelo mundo...
A vida me lança de cá para lá,
Como se eu fosse uma folha seca...
A vida dos outros tem um sentido,
Eu não tenho uma razão de ser...
Somente a minha vida parece vazia e inútil;
Somente eu sou diferente de todos os outros —

....

E no entanto — sossega, meu coração!
Tu vives no seio da mãe do Universo.

EXPLICAÇÃO FILOSÓFICA:

À primeira vista parece estranho esse pessimismo do autor, esse lúgubre desânimo da vida, que lembra os lamentos de Jó. Mas não convém esquecer que todo homem que deixou a sociedade dos profanos tem, de início, a sensação de uma solidão imensa, de um saara sem oásis; sente-se exilado, sem pátria nem lar. O homem espiritual se sente desambientado aqui na terra; ninguém o compreende; todos o consideram como um estranho, não pertencente ao nosso mundo. O próprio Jesus passou por esses transes: "As raposas têm suas cavernas, as aves têm seus ninhos — o Filho do Homem não tem onde reclinar a cabeça". E a seus discípulos diz ele: "Por causa de mim e do Evangelho sereis odiados de todos...". "Bem-aventurados os que choram...".

Ao descer do Tabor, ele exclama: "Ó geração perversa e sem fé! Até quando estarei convosco? Até quando vos suportarei?"...

Mas essa aparente solidão e abandono do homem espiritual é a "Comunhão dos Santos", a mais bela companhia do Universo, como Lao-Tsé lembra nas últimas linhas. É o total abandono de Jó — que estava na companhia de Deus, no coração do Universo. Abandonado se sente o ego — bem amparado está sempre o Eu. "Meu Deus, meu Deus, por que me abandonaste?... Pai, em tuas mãos entrego o meu espírito."

21

Confiança na força interior

(continuação do precedente)

A norma suprema para conduzir
Está em ser conduzido pelo Poder Supremo.
Como atua o Poder Supremo?
Ninguém o sabe!
De um modo incognoscível e incompreensível,
Desentranha ele as forças espirituais,
Mobiliza as energias formativas,
Incompreensível e insondavelmente.
O Poder Supremo traz em si
Os germes embrionários da evolução.
Dos germes brotam as facticidades,
Porque eles mesmos nasceram da Suprema Realidade.
Os germes, manifestando sua potencialidade,
São a origem de todas as atualidades.
Donde eu sei isso?
Sei isso por eles mesmos.

EXPLICAÇÃO FILOSÓFICA:

Aqui desce o autor à mais profunda metafísica de todas as coisas físicas. Essa metafísica da potencialidade não é objeto de provas empírico-analíticas — é o "postulado" de Descartes; é a "evidência" de Einstein; é o "Pai" do Cristo. Essa certeza pré-analítica não é o resultado de provas intelectuais, mas é a intuição, a silenciosa voz que nasce de uma profunda e diuturna auscultação cósmica, como a conheciam todos os grandes iniciados: Moisés, Elias, Jesus, Paulo de Tarso, Francisco de Assis, Mahatma Gandhi e certamente o próprio Lao-Tsé. A última e decisiva certeza é fruto de um grande silêncio-presença, de uma profunda vacuidade-plenitude.

22

Da lei da compensação interior

O que é imperfeito será perfeito;
O que é curvo será reto;
O que é vazio será cheio;
Onde há falta haverá abundância;
Onde há plenitude haverá vacuidade.
Quando algo se dissolve, algo nasce.
Assim, o sábio,
Encerrando em si a alma do Uno,
Se torna modelo do Universo.
Não dá importância a si mesmo,
E será considerado importante.
Não se interessa por si mesmo,
E será venerado por todos.
Nada quer para si,
E prospera em tudo.
Não pensa em si,

E é superior a tudo.
E, por não ter desejos,
É invulnerável.
Por isso, há muita verdade
No velho ditado:
Quem se amolda é forte.
É essa a meta suprema
Da vida humana.

EXPLICAÇÃO FILOSÓFICA:

Essas palavras são quase uma paráfrase da sabedoria de Paulo de Tarso: “A fraqueza de Deus é mais forte que a força dos homens; a loucura de Deus é mais sábia que a sabedoria dos homens... quando sou fraco, então sou forte... Eu morro todos os dias, e é por isso que eu vivo”.

Corresponde, também, às palavras do Nazareno: “Quem quiser salvar a sua vida perdê-la-á; mas quem perder a sua vida, por minha causa, ganhá-la-á”.

E o princípio da homeopatia cósmica: quanto menor é a quantidade, tanto maior é a qualidade.

É a alma da Cosmoterapia.

23

Vitória pela autossuficiência

(continuação dos poemas 21 e 22)

Quem pouco fala encontra atitude certa
Em todos os acontecimentos.
Não desespera quando rugem tufões,
Porque sabe que não tardam a passar;
Sabe que uma chuva não dura o dia todo,
É produzida pelo céu e pela terra.
Se tudo é tão inconstante,
Como não o seria o homem?
Por isso o que importa
É a atitude interna,
Isto é: adaptar-se em silêncio
A todos os acontecimentos.
Quem harmoniza os seus atos
Com o Tao da Realidade
Se torna um com ele.
Quem, no seu agir, é determinado

Por seu próprio ego
Identifica-se com o ego.
Quem identifica o seu agir com coisa qualquer
É identificado com esta coisa.
Quem sintoniza com a alma do Infinito
Assemelha-se em tudo ao Infinito.
E quem assim se harmoniza com o Infinito
Recebe os benefícios do Infinito.
Tanta confiança recebe cada um,
Quanta confiança ele der.

EXPLICAÇÃO FILOSÓFICA:

Aqui é enunciado o antiquíssimo princípio hermético: o homem só pode receber algo à medida que ele dá. O receber na vertical é diretamente proporcional ao dar na horizontal. A receptividade é proporcional à datividade. O segredo de enriquecer não está no receber, mas sim no dar. As águas da Fonte Cósmica só enchem os canais humanos à medida que estes se esvaziarem.

24

A vida correta nasce da naturalidade

Quem se ergue na ponta dos pés
Não pode ficar por muito tempo.
Quem abre demais as pernas
Não pode andar direito.
Quem se interpõe na luz
Não pode luzir.
Quem dá valor a si mesmo
Não é valorizado.
Quem se julga importante
Não merece importância.
Quem se louva a si mesmo
Não é grande.
Tais atitudes são detestadas
Pelos poderes celestes.
Detesta-as também tu, ó homem sapiente.
Quem tem consciência da sua dignidade,
De ser veículo do Infinito,
Se abstém de tais atos.

EXPLICAÇÃO FILOSÓFICA:

Essa sabedoria concorda com as palavras do Nazareno: "Quem quiser ser grande seja o servidor de todos... quem se exaltar será humilhado".

Harmoniza também com a sapiência do *Bhagavad Gita*: "O ego é o pior inimigo do Eu, mas o Eu é o melhor amigo do ego... o ego é um péssimo senhor, mas é um ótimo servidor".

25

A fonte do ser e os canais do devir

Nas profundezas do Insondável
Jaz o Ser.
Antes que céu e terra existissem,
Já era o Ser
Imóvel, sem forma,
O Vácuo, o Nada, berço de todos os Possíveis.
Para além de palavra e pensamento
Está Tao, origem sem nome nem forma,
A Grandeza, a Fonte eternamente borbulhante,
O ciclo do Ser e do Existir.

EXPLICAÇÃO FILOSÓFICA:

Por séculos e milênios agita a filosofia a controvérsia sobre o Arqui-Ser, sobre a ultimérrima Realidade, a Essência, o substrato de todas as coisas existenciais. Mas esse problema não é objeto de análise e nunca atinge o Próton originário, mas somente os derivados. Unicamente a intuição, o total egoesvaziamento e sua subsequente cosmoplenificação é que podem dar uma resposta, não em forma de uma prova ou demonstração, mas como uma experiência ou imediata vivência da Realidade Fundamental do Cosmos. Esse Silêncio-presença, esse Silêncio-plenitude, é a única atitude necessária e suficiente para a experiência da Realidade.

A certeza, escreveu Einstein, não vem das provas, mas é anterior a qualquer prova.

A certeza vem da evidência imediata da própria Realidade.

26

Maestria da vida por uma dignidade silenciosa

Quem de boa vontade carrega o difícil
Supera também o menos difícil.
Quem sempre conserva a quietude
É senhor também da inquietude.
Por isso, o sábio carrega de boa mente
O fardo da sua jornada terrestre.
Nunca se deixa iludir
Por deslumbrantes perspectivas.
Trilha com tranquila dignidade
O seu solitário caminho.
O homem profano, porém,
Que se derrama pela vida superficial,
Dissolve com sua leviandade
A solidez da sociedade;
Destrói com sua inquietude
A quietude do Reino,
E destrói, também, o seu próprio Reino.

EXPLICAÇÃO FILOSÓFICA:

O valor não está em atos, mas na atitude; não está no dizer ou no fazer, mas no Ser. O Ser é a fonte; o fazer e o dizer são apenas canais, cujo conteúdo não existe por si, mas graças à fonte.

27

Cultura genuína

Quem anda direito não deixa rasto,
Quem fala bem não diz desacertos.
Quem calcula bem não usa lembretes.
Quem fecha bem dispensa fechaduras e ferrolhos,
E, contudo, ninguém pode abrir.
Quem amarra bem não usa corda nem barbante,
E, contudo, ninguém pode desatar.
Assim, o sábio, em sua madureza,
Sabe sempre ajudar os homens.
Para ele, ninguém está perdido.
Sabe aperfeiçoar tudo o que existe,
E não vê mal em ser algum.
É este o duplo segredo
De toda a realização do homem:
O homem plenirrealizado
Ajuda sempre o menos realizado.
O homem mais culto
Ajuda sempre o menos culto.

Pelo que o homem trata com reverência
O homem mais maduro que tu.
E envolve em sincero amor
Aquele que necessita de ti.
Quem não age assim
Ignora a cultura genuína.
Vai nisto um grande segredo.

EXPLICAÇÃO FILOSÓFICA:

O verdadeiro sábio está sempre disposto a ajudar o menos sábio. A suprema sabedoria tolera de boa mente ser tachada de loucura. Quem traz dentro de si o testemunho da sapiência pode tranquilamente passar por insipiente. Não necessita ostentar grandeza quem é realmente grande. Só os pseudossábios e os pseudograndes fazem alarde de sua sapiência e grandeza.

"Se algum de vós quiser ser grande" — dizia o Cristo a seus discípulos — , "seja o servidor de todos".

28

Simplicidade do coração como força cósmica

Do homem, forte em sua virilidade,
Aliado à delicada feminilidade,
Brotam as nascentes do mundo.
Nele está a fonte da vida,
E por isso não será jamais abandonado
Pelas forças que radicam no próprio Eu.
Regressa à ingenuidade da criança
O homem penetrado de luz.
Prefere conservar-se no escuro
Quem se tornou a luz do mundo,
Porque ele é autoluzente.
Jamais o desertarão as potências da luz.
Remonta até à fonte da vida
Quem sabe da sua interna grandeza,
E, não obstante, permanece humilde,
Por ele é redimido o mundo.

Sem fim é o borbulhar da sua força
Quem encontrou a simplicidade do seu coração.
Se essa simplicidade de coração
Se difundir entre os homens,
Tornarão eles a compreender
O mistério de Tao.
O sábio designa homens desses
Para os pontos-chave do mundo
E, graças a homens desses,
O mundo será regenerado.
O verdadeiro poder nasce de dentro do homem.

EXPLICAÇÃO FILOSÓFICA:

É a continuação do pensamento anterior: o que provém das conveniências sociais não tem valor, mas, sim, o que nasce da consciência individual. Não são as convenções superficiais do ego que dão dignidade ao homem, mas, sim, a sua convicção de profundidade. O que vale é o que o homem é, não o que o homem diz ou faz ou tem. É esta a verdade fundamental que "pervade" toda a filosofia sapiencial de Krishna, do Cristo, de Lao-Tsé e de todos os verdadeiros iniciados.

29

O poder da não violência

Revela a experiência que o mundo
Não pode ser plasmado à força.
O mundo é uma entidade espiritual,
Que se plasma por suas próprias leis.
Decretar ordem por violência
É criar desordem.
Querer consolidar o mundo à força
É destruí-lo,
Porquanto cada membro
Tem sua função peculiar.
Uns devem avançar,
Outros devem parar.
Uns devem clamar,
Outros devem calar.
Uns são fortes em si mesmos,
Outros devem ser escorados.
Uns vencem na luta da vida,
Outros sucumbem.
Por isso, ao sábio não interessa a força,
Ele não se arvora em dominador,
Não usa de violência.

EXPLICAÇÃO FILOSÓFICA:

"Bem-aventurados os mansos, porque eles possuirão a terra" — esta beatitude não é só do Cristo, mas também de Gandhi, de Tolstoi, de Thoreau, de Lao-Tsé e de todos os conhecedores da natureza humana integral. O animal, que só é impelido pelos sentidos, e o homem-ego, que ampliou a sua violência pela inteligência — todos eles apelam para a força.

Mas o homem racional-espiritual sabe que o espírito é o maior poder, que não necessita de violência, porque violência é prova de fraqueza.

E, por mais estranho que pareça, o homem não violento também possuirá a terra, porque ninguém pode possuir algo ou alguém sem que o possuído concorde em ser possuído. Somente um possuidor não violento possui realmente o possuído.

30

A paz nasce da mansuetude

O chefe de Estado que obedece a Tao
Não tenta dominar com violência,
Porque sabe que toda a violência
Recai sobre o próprio violento.
Nos campos de batalha,
Só medram espinhos e cardos.
Guerras geram angústias e miséria.
Por isso, o sábio vive sem armas,
Não obriga ninguém com violência,
Não conhece ambição nem glória,
Não alimenta presunção alguma,
Nem aspira ao poder.
Faz o que deve fazer,
Mas sem forçar ninguém.
Ele conhece o ritmo da evolução,
Sabe que tudo falha
Quando contradiz as leis da vida,
Porque todas as ilusões
Depressa se dissipam.

EXPLICAÇÃO FILOSÓFICA:

O presente capítulo é um simples prolongamento do anterior. Uma guerra justa não é essencialmente melhor do que uma guerra injusta, porque ambas têm por base a egoidade humana, que em si mesma é um fator negativo.

Quando se trata da alternativa de "matar ou morrer", o ego opta pela primeira e a justifica, porque, para ele, morrer é deixar de existir, ao passo que, para o Eu divino no homem, morrer não é deixar de existir, e morrer para não matar equivale a existir melhor e mais verdadeiramente.

Mas o ego, essencialmente ilusório, não pode compreender tão grande verdade. O ego só conhece "o direito", que é sinônimo de egoísmo, ao passo que o Eu se guia pela "justiça", sinônimo de verdade e amor, incompatíveis com o direito, como a luz é incompatível com a treva.

31

Todas as armas são nefastas

Armas, por mais excelentes, são instrumentos nefastos,
Que o homem correto despreza.
Quem conhece Tao
Não se serve delas.
O homem nobre, em tempo de paz,
Se serve da benevolência;
Só na guerra recorre à violência.
Todas as armas são calamidades,
De que o homem correto não faz uso.
Só quando obrigado as usa,
E, mesmo na luta forçada,
A paz e o sossego lhe são supremos.
Quando vencedor, não se alegra.
Quem pode ter gozo em massacres humanos?
Quem se alegra com guerras homicidas
Não realiza o destino da vida.
Em tempos bons, apreciamos a justiça;
Em tempos maus, recorremos ao "direito".
Sabedoria é paz e amor.
Estultícia é ódio e guerra,
A ilusão do "direito" é do ego,
A verdade da justiça é do Eu.
Ilusão e direito geram violência.
Verdade e justiça geram benevolência.

EXPLICAÇÃO FILOSÓFICA:

Continuação do pensamento anterior. Entretanto, nenhum ego pode, por si mesmo, chegar a essa conclusão se não se abrir à invasão das potências invisíveis do cosmos — assim como nenhuma soma de zeros pode, por si mesma, produzir o valor positivo "1". "Do mundo dos fatos não conduz nenhum caminho para o mundo dos valores" (Einstein).

32

O poder do invisível

Tao é insondável,
É invisível, apesar do seu Poder.
O mundo não o conhece.
Se reis e príncipes tivessem consciência de Tao
Todas as criaturas lhes prestariam
Espontânea homenagem.
O céu e a terra se uniriam em júbilo
Para fazer descer suave orvalho,
E os homens viveriam em paz,
Mesmo sem governo algum.
Quando Tao assume forma,
Pode ser conhecido mentalmente,
Mas todos os conceitos
São apenas indícios
Que apontam para o Inconcebível.
Não se esqueça o homem da sua limitação.
Quando consciente da sua limitação
Não há perigo.
Neste caso, a relação
Entre o Concebível e o Inconcebível
É como entre regatos e lagos
E as grandes torrentes que demandam os mares.

EXPLICAÇÃO FILOSÓFICA:

Toda a física é uma manifestação parcial da metafísica total. Todo o finito revela o Infinito, mas também o vela, porque nenhum finito pode revelar totalmente o Infinito.

A transcendência do Infinito em si é sempre infinitamente maior do que todas as suas imanências nos finitos. A imanência é cognoscível; a transcendência é incognoscível. Somente a intuição racional e espiritual é que adivinha ou fareja a Divindade Transcendente, que não é objeto da análise empírico-intelectual.

A Transcendência de Tao nos enche de reverente assombro — a sua imanência nos enche de suave amor.

33

Sapiência suprema

Inteligente é quem outros conhece;
Sapiente é quem se conhece a si mesmo.
Forte é quem outros vence;
Poderoso é quem se domina a si mesmo.
Ativo é quem muito trabalha,
Rico é quem vive contente.
Firme é quem vive em seu posto,
Eterno é quem supera a morte.

EXPLICAÇÃO FILOSÓFICA:

Nesses aforismos paradoxais focaliza Lao-Tsé a quintessência do autoconhecimento, que transborda em autorrealização. O correto agir segue infalivelmente a consciência do reto ser. Toda a mística do autoconhecimento transborda irresistivelmente na ética da autorrealização — assim como toda árvore boa produz frutos bons. Nenhum homem pode agir eticamente se não teve a experiência mística do seu verdadeiro ser.

O Agir segue ao Ser.

34

A grandeza está no serviço espontâneo

Ó Tao!
Tu, que tudo superas!
Em ti está o Todo.
Em ti, a vida de todos os seres!
Tu não te negas a ninguém,
Tu, que tudo realizas,
Tudo nutres,
Tudo fazes prosperar!
Tu, o eterno servidor da vida,
Jamais te vanglorias de nada.
Pequenino pareces aos que ignoram
A tua grandeza.
Grande, porém, és
Tu, de quem tudo vem
E a quem tudo volta.
Nunca te arvoras em dominador.
....
Assim também o sábio sempre serve,
Realizando grandes coisas,
Sem se ufanar da sua grandeza.

EXPLICAÇÃO FILOSÓFICA:

Essa apoteose da Divindade lembra as palavras de Santo Agostinho: "Ó Deus! Formosura sempre antiga e sempre nova — quão tarde te amei!... tu estavas em meu coração — e eu te buscava lá fora... tu estavas comigo, mas eu não estava contigo... e então tu me chamaste em altas vozes... rompeste a minha surdez... relampejaste e afugentaste a minha cegueira... recendeste suaves perfumes em torno de mim, e eu os sorvia — e agora vivo a suspirar por ti... Saboreei-te, e agora tenho fome e sede de ti... tocaste-me de leve — eu me abrasei em tua paz.

Quanto mais te possuo, tanto mais te procuro... que eu me conheça a mim para que te conheça a ti".

Lembra, também, as palavras de Jesus a seus discípulos: "Os reis e príncipes deste mundo são chamados grandes, porque são servidos por seus súditos. Entre vós, porém, não há de ser assim; aquele que dentre vós quiser ser grande seja o servidor de todos".

35

O profano, o iniciado, o realizado

Quem desperta em si
As forças criadoras da vida
Realiza a sua íntima essência.
E nela permanece, intangível,
Criando paz e silenciosa maturidade.
Músicas e peças teatrais
Aliciam os transeuntes profanos,
Mas quem se interessa por Tao?...
Não basta ver para enxergá-lo.
Não basta ouvir para compreendê-lo.
Mas quem sabe auscultá-lo,
Esse descobre a plenitude de Tao.

EXPLICAÇÃO FILOSÓFICA:

O homem profano vive nas periferias — é egovivente, mas não cosmovivido. Vê, ouve, tange as coisas que existem lá fora — mas não sabe o que ele mesmo é por dentro. O profano se identifica com algos ou alguéns — e essa codificação ou algo-personificação o impede de sentir a sua autoindividualidade, que é o Tao nele, o Eu central, a Realidade Univérsica, o Uno, circundado de Verso.

O profano é um homem versificado, mas não unificado. A infeliz felicidade que ele goza, graças à sua total estupidez, o impede de sofrer a feliz infelicidade dos iniciandos, e por isso não chega às alturas da feliz felicidade do homem iniciado e realizado.

36

Dominar sem violência

Para diminuir alguém,
Deve-se primeiro engrandecê-lo.
Para enfraquecer alguém,
Deve-se primeiro fortalecê-lo.
Para fazer cair alguém,
Deve-se primeiro exaltá-lo.
Para receber algo,
Deve-se primeiro dá-lo.
Esse deixar amadurecer
É um profundo mistério.
O fraco e flexível
É mais forte que o forte e rígido.
Assim como o peixe
Só pode viver em suas águas,
Assim só pode o chefe de Estado
Dominar sem violência.

EXPLICAÇÃO FILOSÓFICA:

As grandes verdades aparecem sempre em forma paradoxal. Já o Cristo afirmava: "Quem quiser ganhar a sua vida perdê-la-á — mas quem perder a sua vida por causa de mim e do Evangelho, ganhá-la-á".

E Paulo de Tarso dizia: "Eu morro todos os dias — e é por isso que eu vivo".

Nos primórdios do cristianismo escreveu Tertuliano: "Eu creio no mundo espiritual — porque é absurdo".

Estas alternativas paradoxais referem-se, sempre, uma à dimensão quantitativa ilusória do ego — a outra à dimensão qualitativa e verdadeira do Eu. A vacuidade daquela e a plenitude desta. A ausência daquela e a presença desta. O Universo inteiro funciona sobre a base dessa bipolaridade positivo-negativa, sem excetuar o próprio homem. Conhecer e viver isso é sabedoria.

37

Harmonia pelo não agir

Tao não age,
E por esse não agir tudo é agido.
Se reis e príncipes assim fizessem,
Todas as coisas do mundo prosperariam por si mesmas.
E se, mesmo assim, os homens tivessem desejos,
Tao os satisfaria pela simplicidade
Do seu íntimo ser.
Quem se une ao Uno
Não tem desejos,
Onde não há desejos há paz.
E, onde há a paz,
Tudo é harmonia e felicidade.

EXPLICAÇÃO FILOSÓFICA:

Esse agir pelo não agir é o famoso *wu-wei*, dos chineses, o misterioso "não fazer" ou "não interferir", que tudo realiza e resolve. O homem superficial vive na ilusão de que o seu ruidoso fazer e o seu ruidoso dizer sejam a causa de grandes efeitos; mas o homem de interioridade profunda sabe que o seu silencioso ser é a fonte das grandes realizações e a solução de todos os problemas, embora esta fonte-Eu se sirva dos canais-ego. O Eu invisível é a causa, o ego visível é o canal.

O profano só conhece canais sem fonte.

O místico quer uma fonte sem canais.

O homem cósmico faz fluir as águas da fonte-Eu pelos canais-ego.

O Uno do seu Ser unifica o Verso do seu Agir, realizando o homem universico.

38

Moralidade ou ética?

Quem vive nas profundezas do seu ser
Nada sabe de virtuosidade.
Dele brotam espontaneamente
As íntimas forças da vida.
Quem vive na superfície do seu agir
Não pode fazer brotar as forças profundas.
Quem vive nos abismos da sua alma
Ignora a moralidade do seu agir.
Desconhece o que seja ego-agência.
Quem vive na superfície da sua alma
Age egoicamente, visando a fins externos.
O amor impele ao agir,
Mas não quer nada para si.
A justiça impele ao agir,
Mas não age por ambição.
A moral também impele ao agir,
E, se não consegue o que quer,
Recorre à violência.

Por isso, ó homem, reconhece:
Quem não tem a visão do Tao
Age por virtuosidade.
Quem não tem virtuosidade
Age pela caridade.
Quem nem disso é capaz
Obedece a ritos e tradições.
Mas a dependência de ritualismos
É o ínfimo grau da moralidade.
É mesmo o início da decadência.
Quem julga poder substituir pela inteligência
A cultura do coração,
Esse é um tolo.
Pelo que, atende a isto:
O homem correto
Age por uma lei interna,
E não por mandamentos externos.
Bebe as águas da Fonte,
E não dos canais.
Transcende estes
E vai sempre à origem daquela.

EXPLICAÇÃO FILOSÓFICA:

Por essas palavras verifica-se que Lao-Tsé, seis séculos antes da era cristã, já atingira a sabedoria do Cristo, que a maioria dos cristãos não atingiu vinte séculos depois da proclamação do Evangelho. Confundir moralidade com ética, civilização com cultura, convenções sociais com convicção individual — tudo isso equivale a soletrar o á-bê-cê da verdade na escola primária do ego, mas não é ingressar na Universidade Cósmica do Eu.

A verdadeira cultura sapiencial, como se vê, não obedece a nenhuma tabela evolutiva dependente de tempo e espaço; a verdadeira sabedoria nada tem que ver com circunstâncias externas; ela age pela própria substância interna, cuja atuação pode, certamente, ser facilitada ou dificultada pelo ambiente, favorável ou desfavorável, mas não é causada nem impossibilitada pelas circunstâncias.

Há sublimes verticalidades no meio de vastas horizontalidades.

Existem blocos erráticos em planícies sem nenhuma afinidade.

A tendência de certas sociedades espiritualistas em querer subordinar toda a evolução do homem ao ambiente externo não merece o nome de filosofia, no sentido de consciência da realidade, não passando de arranjos oportunistas para o uso de principiantes.

Lao-Tsé disse verdades que hoje em dia, vinte e seis séculos mais tarde, não foram atingidas pelo grosso da humanidade.

39

Toda a diversidade se baseia na unidade

Toda a pluralidade radica na unidade,
E esses dois são um em si.
O céu é puro porque é Uno.
A terra é firme porque é Una.
As potências espirituais são ativas
Porque são unidade.
Tudo o que é poderoso assim é
Porque é unidade.
Tudo o que é vivo assim é
Graças à sua unidade.
Os soberanos são modelos
Somente quando preservam sua unidade.
Tudo se realiza pela unidade.
Sem ela, os céus se partiriam,
E a firmeza da terra pereceria.
Sem a atuação da unidade,

Falhariam as potências espirituais.
Sem a sua plenitude,
Acabaria tudo em vacuidade.
A fecundidade acabaria
Em total esterilidade.
Sem o poder da unidade,
Pereceria tudo o que é vivo.
E os soberanos ruiriam no pó.
Os sábios sabem que toda a sabedoria
Radica na simplicidade;
Que tudo o que é alto
Se apoia no que é baixo.
Por isso também os reis e os príncipes
Se consideram servos do povo,
Sabendo que toda a sua grandeza
Tem por alicerce o Uno e o simples.
Quem dissolve uma carruagem
Não tem mais carruagem.
Quem quer brilhar como pedra preciosa,
E se dissolve, cai por terra,
Como uma poeira sem valor.

EXPLICAÇÃO FILOSÓFICA:

Neste capítulo celebra Lao-Tsé a apoteose da Unidade na Diversidade, que é a característica do Universo sideral, e que deve ser o apanágio do Universo hominal. Onde não há perfeito equilíbrio entre o Uno e o Verso, não há harmonia cósmica nem hominal.

40

O ciclo do ser e do existir

Tudo o que Existe egressa do Ser
E regressa ao Ser.
O Ser é o Insondável Tao.
Das profundezas do Ser
Nascem todos os seres que existem.
O Ser, porém,
É o abismo do Não existir.

EXPLICAÇÃO FILOSÓFICA:

O Ser é eterno, sem princípio nem fim. É *Brahman*, a Divindade, o Infinito, o Uno. Mas é da íntima natureza do Ser manifestar-se sempre de novo em existir, assim como o Uno se revela no Verso, o Infinito no Finito.

Quando o Finito é egresso do Infinito, falamos em "nascer" — quando ele regride à sua origem, falamos em "morrer".

Nascer e morrer não são princípios nem fins, são apenas etapas evolutivas na base do eterno Ser. São como ondas que se erguem e recaem no seio do mar.

Essa verdade básica do Uno que se revela no Verso, formando o Universo, é o alicerce e o ápice da "Filosofia Univérsica", cuja eclosão aconteceu no Brasil, mas cuja incubação existia há milênios e subjaz, consciente ou inconscientemente, a todas as grandes filosofias da humanidade.

41

A sabedoria parece estultícia

O verdadeiro sábio,
Quando conhece Tao,
Procura realizá-lo em si.
Quem ainda vacila, incerto,
Na sabedoria, só de vez em quando
Segue o caminho certo.
Quem apenas fala em sabedoria
Não a toma a sério.
Se Tao não lhe parecesse absurdo,
Não seria Tao.
Por isso disse o poeta:
"Quem é iluminado por dentro
Parece escuro aos olhos do mundo.
Quem progride interiormente
Parece ser um retrógrado.
Quem é autorrealizado
Parece um homem imprestável.
Quem segue a luz interna

Parece uma negação para o mundo.
Quem se conserva puro
Parece um bobo e simplório.
Quem é paciente e tolerante
Parece um sujeito sem caráter.
Quem vive de acordo com seu Eu espiritual
Passa por um homem enigmático".
Tao se parece com um quadrado infinito
Sem ângulos.
Com um vaso de tamanho ilimitado
Sem conteúdo algum.
Parece-se com um som de infinita vibração
Que não se ouve.
Com uma imagem infinitamente grande
Que ninguém pode ver.
Mas, embora Tao não seja cognoscível,
Nem nominável,
Ele é tudo e realiza tudo.

EXPLICAÇÃO FILOSÓFICA:

Neste capítulo, de imensa profundeza e sublimidade, Lao-Tsé faz ver que ninguém sabe o que é Tao, a infinita Realidade, sem o ter vivido e vivenciado diretamente. Saber é saborear. Saber é ser. Quem não se identifica pela vivência concreta com a existência abstrata não tem noção exata do Tao. Saber é identificar-se totalmente com o sabido. Ninguém pode saber o sabor de uma comida sem a ter saboreado. Assim, só sabe o que é Tao quem o vive e vivencia com toda a sua alma, com toda a sua mente, com todo o seu coração e com todas as suas forças.

42

A autorrealização do ser

De Tao veio o Um.
Do Um veio o Dois.
Do Dois veio o Três.
E o Três gerou os Muitos.
Toda a vida surgiu da Treva
E demanda a Luz.
A essência da vida engendra
A harmonia das duas forças.
Nenhum homem quer ser solitário,
Abandonado e insignificante.
Reis e príncipes se dizem ser assim
Porque sabem do mistério:
Que o inconspícuo será exaltado
E o importante decairá.
Por isso ensino também eu
O que outros ensinavam:
Quem age egoicamente
Está morto
Antes de morrer.
É esse o ponto de partida da minha filosofia.

EXPLICAÇÃO FILOSÓFICA:

A Realidade é *Una*, que se revela sempre como *dualidade*, como causa e efeito, como Uno e Verso, como Ser e Existir. E dessa bipolaridade complementar nascem todas as pluralidades — assim como da Luz Incolor nascem todas as cores. A trindade do prisma triangular revela em pluralidade a unidade da luz única. Os nossos sentidos percebem apenas sete cores das infinitas que a Luz Incolor produz através da trindade do prisma.

Para compreender realmente essa sabedoria de Lao-Tsé deve o iniciando mergulhar num profundo silêncio de uma interioridade solitária de longa duração; os iniciados se isolam trinta a quarenta dias contínuos nesse silêncio-presença, nesse silêncio-plenitude.

43

Do poder do inconspícuo

O mole vence o duro.
O vácuo penetra o pleno.
Nisso se revela a poderosa atuação
Do não agir.
Entretanto,
Poucos homens, aqui na terra, sabem
Do segredo do ensinamento sem palavras
E do poder do agir
Pelo não agir.

EXPLICAÇÃO FILOSÓFICA:

Ensinar sem palavras, agir sem atividade — são, certamente, flagrantes absurdidades para qualquer profano, sobretudo para os profanos eruditos, como se falássemos de um círculo quadrado, de uma treva luminosa, de uma vacuidade plena. Os iniciados, porém, sabem, em silenciosa sapiência, que ensinar sem palavras e agir sem atividade representa a maior potência do Universo; é o falar e o agir da própria Divindade.

É o *wu-wei* de toda a filosofia chinesa. Trata-se de uma poderosa atitude sem atos, de uma vacuidade-plenitude, de um silêncio sonoro, de um tudo-nada, que não é objeto de análise, mas de profunda intuição.

O valor de qualquer ato externo depende essencialmente da intensidade da atitude interna.

44

A riqueza do ser e a pobreza do ter

Que vale mais:
Meu nome de família ou meu Ser?
Que é mais meu:
Minhas posses externas ou meu íntimo Ser?
Que me é mais importante:
Meus lucros ou minhas perdas?
Quem prende seu coração a algo
Está preso.
Quem deseja possuir tesouros
É um pobre possesso.
Quem vive satisfeito
É feliz com os satisfeitos.
Quem respeita os seus limites
Não corre perigo.
Isso gera verdadeira serenidade.
De dentro vem o que por fora se revela.

EXPLICAÇÃO FILOSÓFICA:

Lao-Tsé joga com os conceitos "algo" e "alguém". O homem--ego dá imensa importância aos algos, às coisas, aos fatos, porque vive *coisificado* pelo mundo das facticidades fictícias, que ele confunde com a própria Realidade. O homem profano é governado pelo espírito gregário do rebanho, da tribo, da família, do grupo, da sociedade, que são coisas engendradas pelo ego. O homem profano não descobriu, ainda, a sua individualidade indivisa e indivisível, o seu *átomo*, como diriam os gregos. Conhece, quando muito, a sua personalidade, a sua "máscara", que ele confunde com o Eu da sua individualidade. Conhece as coisas impersonais (objetos, dinheiro, divertimentos), ou então a coisa personal (seu ego) — conhece os algos, os teres, os fazeres do seu ego, mas ignora o alguém do seu ser real. O homem profano é essencialmente um idólatra que adora falsos deuses: os algos impersonais, ou o algo personal, mas nada sabe do alguém suprapersonal do seu Eu. Conhece e adora o que ele *tem*, ignora o que ele *é*. A realização interna não produz necessariamente as realizações externas. O homem espiritual não é necessariamente rico, como ensina um superficial pragmatismo. Mas é sempre feliz.

Como para um sábio é difícil ser rico — assim para um rico é difícil ser sábio.

45

Os paradoxos da verdade

Quem demanda a perfeição
Parece ser imperfeito,
Embora a sua oculta plenitude
Plenifique todas as vacuidades.
Quem possui verdadeira plenitude
É inesgotável,
Por mais que se esgote.
Quem anda direito
Parece torto.
Grande habilidade
Parece inabilidade.
Arte genuína
Parece mediocridade.
Movimento supera o frio.
Quietação vence o calor.
O que é puro e reto
Sempre orienta o mundo.

EXPLICAÇÃO FILOSÓFICA:

Tudo o que é do mundo da qualidade é ignorado pelo mundo das quantidades. A qualidade não está sujeita a tempo e espaço, porque é do eterno e do infinito. E, por isso mesmo, o que não pertence ao mundo da qualidade é tachado pelos cultores das quantidades de irreal e ilusório.

O cego acha normal a escuridão — e anormal a luz.

O surdo acha normal o mundo sem som — e anormal o mundo do som.

O doente que nunca conheceu saúde pode achar normal a doença — e anormal a saúde.

Por isso disse alguém: "A loucura de Deus é mais sábia que a sabedoria dos homens — e a fraqueza de Deus é mais forte que a força dos homens".

As grandes verdades quase sempre aparecem em forma de paradoxos — que não devem ser explicados, mas aplicados.

46

A suficiência garante a paz

Quando a humanidade vive em ordem,
Os cavalos puxam o arado;
Quando ela renega sua lei interna,
Os cavalos se preparam para a guerra.
Não há pecado maior
Do que o excesso da ganância.
Não há mal maior
Do que querer sempre mais.
Não há maior calamidade
Do que a mania de sucesso.
Quem se contenta com o necessário
Vive numa paz imperturbável.

EXPLICAÇÃO FILOSÓFICA:

Desde os tempos de Lao-Tsé até hoje a grande epidemia é a mania de sucesso. O homem profano é um caçador de sucessos no mundo objetivo — nada sabe da realização do seu mundo subjetivo. Só se interessa pelo *ter*, não pelo *ser*. As alorrealizações lhe são tudo — a autorrealização não lhe vale nada.

Mas, como o homem não é dono das circunstâncias, quando estas falham, ele é totalmente infeliz, frustrado, porque não tem base na sua substância. Esse homem coleciona zeros: 0000000, e se esquece do "1", que poderia valorizar os zeros: 10.000.000.

47

A sabedoria interna

Para conhecer o mundo,
Não é necessário viajar pelo mundo.
Posso conhecer os segredos do mundo
Sem olhar pela janela do meu quarto.
Quanto mais longe alguém divaga,
Menor é seu saber.
O sábio atinge sabedoria
Sem erudição;
Alcança a sua meta
Sem esforço;
Termina a sua jornada
Sem viajar.

EXPLICAÇÃO FILOSÓFICA:

Toda a fonte da sabedoria está no interior do homem. O mundo externo pode apenas servir de estímulo para despertar a realidade interna do homem: mas não é fonte e causa de sabedoria. O íntimo Ser do homem é infinitamente maior do que o externo ver, ouvir, sentir e ter. Por isso, deve o homem concentrar-se no seu interno ser — e conhecerá todos os mundos externos. Sem essa interiorização, pode o homem ver todas as coisas externas sem compreender nada — assim como um analfabeto pode folhear os maiores livros da humanidade sem entender nada.

48

Passividade dinâmica

O conhecedor quer conhecer sempre mais.
Quem se une a Tao
Conhece cada vez menos,
E não deseja nada,
E acaba não fazendo nada.
E, graças a esse não fazer nada,
Tudo é feito através dele.
Destarte também um reino se constrói
Pelo não fazer nada,
Mas é destruído pelo fazer muito.

EXPLICAÇÃO FILOSÓFICA:

Mais uma vez, Lao-Tsé canta a apoteose de *wu-wei*, do fazer pelo não fazer. Os atos externos não têm valor por esses atos, mas sim pela atitude interna. Somente o real pode realizar. "As obras que eu faço não sou eu que as faço, mas é o Pai em mim que faz as obras; de mim mesmo eu nada posso fazer" (Jesus, o Cristo).

Para ser benfeitor da humanidade, é necessário e suficiente ser bom. O homem não atua pelo que faz e diz, mas sim pelo que é. O verdadeiro ser é a consciente harmonia com o infinito (Tao).

Por um intenso Ser é realizado o mais extenso *Fazer*.

49

A vida no coração do mundo

O sábio não tem coração estreito;
Inclui no seu coração os corações dos outros.
Ele é bom com os bons
E bom também com os não bons,
Porque sua íntima atitude
Só lhe permite ser bom.
Ele é honesto com os honestos
E honesto também com os desonestos,
Porque seu íntimo ser só lhe permite
Ser honesto com todos.
Ele vive retirado,
Mas a sua vida está aberta de par em par
A todos os homens.
Os olhos e os ouvidos dos homens
Se voltam para ele, estupefatos —
Ele vê seus filhos em todos.

EXPLICAÇÃO FILOSÓFICA:

Quando o homem se realiza a si mesmo, todas as coisas fora dele são realizadas. Quem em primeiro lugar busca o reino de Deus e sua harmonia verá que todas as outras coisas lhe serão dadas de acréscimo.

O alicerce do fazer-bem está em ser bom.

Ser bom é estar em harmonia com o Infinito, com a alma do Universo, e viver de acordo com essa consciência.

50

Sabedoria dá segurança

O regresso do Ser par a o Existir
Chama-se nascimento.
O regresso do Existir para o Ser
Chama-se morte.
Três entre dez encontram seu gozo
No viver.
Três entre dez o encontram
No morrer.
Três entre dez se apegam
Aos prazeres da vida,
E com isso se entregam
Ao poder da morte.
Por que é isso assim?
Porque cada um, a seu modo,
Procura realizar o sentido da vida.
Eu, porém, ouvi dizer que o sábio
Que sabe do mistério da vida,
Durante a sua peregrinação terrestre,

Não teme rinocerontes nem tigres
E passa no meio de exércitos em luta,
Sem armas nem armadura.
O rinoceronte não encontrará
Lugar onde feri-lo com seu chifre,
O tigre não saberá onde rasgá-lo
Com suas garras.
Os inimigos não acharão como matá-lo
Com suas espadas.
Por que não?
Porque o sábio é invulnerável.
Porque para ele não há morte.

EXPLICAÇÃO FILOSÓFICA:

O profano vive entre os pares de opostos: vida-morte, saúde--doença, paz-guerra; mas o iniciado reduziu essas antíteses a uma grande síntese; para ele os polos, aparentemente contrários, são complementares, porque ele transcendeu as antíteses ilusórias e atingiu a síntese verdadeira. A discórdia das circunstâncias não afeta a concórdia da sua substância.

51

O poder invisível da vida

Do abismo de Tao nasce a vida;
É mantida pelo poder da vitalidade,
Manifestada pela materialidade,
E completada pelo livre-arbítrio da vida.
Por isso os vivos veneram Tao,
Não por um mandamento obrigatório,
Mas pelo impulso do seu interior,
Porquanto Tao dá vida a tudo,
Faz nascer e crescer tudo na primavera,
Nutre-o e conserva-o no verão,
Faz amadurecer e completa tudo no outono,
E protege-o durante o inverno.
É este o mistério da vigorosa vitalidade interior:
Gerar tudo, sem nada esperar dele,
Servir a vida, sem interesse algum,
Promover tudo, sem o dominar.

EXPLICAÇÃO FILOSÓFICA:

No Universo a unidade da essência produz a diversidade das existências. Quem não tem a visão do *Uno* perturba-se facilmente com a luta do *Verso*. O destino cósmico cumpre-se infalivelmente — *com* o homem, *sem* o homem ou *contra* o homem. O destino humano, sua felicidade ou infelicidade, depende do livre-arbítrio do homem. O destino cósmico não pode ser frustrado por nenhuma criatura. Tao é sempre vitorioso, *conosco*, *sem nós* ou *contra nós*.

A sabedoria humana está em procurar harmonizar o seu agir finito com o agir infinito.

52

O poder da vida silenciosa

Tao é o seio materno do Universo.
Quem conhece sua mãe sente-se filho seu.
Quem se conhece como filho vive a vida de sua mãe,
Nem vê detrimento na morte.
Quem refreia os seus sentidos
E conserva as suas forças
Não se esgota.
Mas quem se desgasta,
Quem se dissipa e dispersa,
Esse vive em vão.
Quem tem a consciência de ser apenas uma centelha,
Esse é iluminado.
Quem, em seu dever,
Permanece maleável e flexível,
Esse é forte.
Quem segue à luz interna,
Esse não sucumbe à morte,
É imortal.
Quem vive na essência
Não se prende a nenhuma aparência.

EXPLICAÇÃO FILOSÓFICA:

O profano, sendo apenas um canal, vive na ilusão de ser a Fonte de tudo o que acontece — mas o iniciado sabe que nenhum finito é Fonte. O canal cumpre a sua tarefa quando se liga à Fonte e permite que as águas dela fluam livremente através do seu condutor.

Essa receptividade dos canais é a verdade — a pretensa datividade é pura ilusão.

Quem julga ter atingido a meta nem iniciou ainda a jornada. A felicidade não é uma chegada, mas uma jornada. Todo o finito, em demanda do Infinito, está sempre a uma distância infinita. A felicidade está na consciência de estar no caminho certo e poder continuar sempre e sempre nesse caminho certo — isso é vida eterna.

53

O sábio não deseja o supérfluo

Cultura genuína é orientar-se
Por Tao.
Nada tanto me apavora
Como a lufa-lufa dispersiva.
Rumo a Tao conduz diretamente
Somente o caminho interior.
Os homens, porém, ziguezagueiam
Para cá e para lá.
Puro egoísmo é
Quando os soberanos vivem
Em suntuosos palácios,
Enquanto os campos jazem desertos,
E vazios estão os celeiros.
Puro egoísmo é
Ostentar roupagens luxuosas,
Enfeitar-se com joias,

Ufanar-se de armas,
Empanturrar-se de iguarias,
Encher-se de bebidas inebriantes,
Acumular tesouros.
Latrocínio é tudo o que o homem faz
À custa dos outros.
Tudo isso contradiz
O espírito de Tao.

EXPLICAÇÃO FILOSÓFICA:

Dois terços da humanidade, diz um escritor, estão morrendo de fome — e um terço morre de indigestão. A humanidade ainda é dominada pelo "poder das trevas", que leva alguns a folgar em riquezas supérfluas, e outros a gemer na miséria. Enquanto uns têm demais e outros têm de menos, não pode a terra ser o reino da felicidade.

Quem guarda em sua casa, escreve Mahatma Gandhi, objetos supérfluos que a outros fazem falta, esse é ladrão. O ego é insaciável em seus desejos; nunca diz "basta". O conforto leva ao "confortismo", e, quando o "confortismo" culmina em "confortite", está o homem no princípio do fim.

Por isso recomendam os Mestres que o homem tenha o necessário, sem desejar o supérfluo.

54

Quem é correto no pouco é correto no mundo

O que é bem arraigado não será desarraigado.
O que é bem conduzido não será seduzido.
O que vive na mente de filhos e netos
Não perecerá.
Quem vive fiel ao Eu interno
Vive corretamente.
Quem lhe é fiel na família
Terá vida em abundância.
Quem lhe é fiel na comunidade
Vive permanentemente.
Quem lhe é fiel no povo
Sabe que vive pela potência interior.
Quem lhe é fiel na humanidade
Sabe que seu Eu abrange tudo.
Pelo que,
Segundo a tua maturidade individual,

Conhecerás os outros.
Segundo a maturidade de tua família
Avaliarás as outras famílias.
Tua comunidade é a medida
Para as outras comunidades.
Por teu povo medirás os outros povos.
Por tua humanidade medirás a Humanidade.
Por onde conheço eu esta lei da ordem?
Por si mesma.

EXPLICAÇÃO FILOSÓFICA:

O nosso Eu individual, a nossa família, o nosso povo e a humanidade que nos rodeia são o teste da Humanidade total e do Universo inteiro. Não se pode fazer bem à Humanidade em geral sem fazer bem ao homem individual. Quem não ama o homem mais próximo não pode amar a Humanidade longínqua.

55

A criança como modelo

Quem vive na plenitude do seu Ser
Vive como criança recém-nascida.
Víboras venenosas não a picam,
Feras selvagens não a atacam,
Aves de rapina não a agarram.
Flexíveis ainda são os seus ossos,
Tenros são os seus músculos,
Mas ela prende com firmeza o que segura.
Ignora ainda o uso dos sexos,
Mas não lhe falta o sexo.
O embrião do sexo nela dormita.
Pode gritar o dia inteiro,
Sem ficar rouca,
Tão perfeita é sua harmonia.
Compreender o poder que harmoniza a vida
É encontrar a permanência.
Encontrar isso é iluminação.
Sentir-se permeado pela vida total,
Isso é ser bendito.
Mas pôr as forças vitais
A serviço de gozos egoístas
É ilusão, embora pareça força.
Toda atividade nascida do ego
É ilusória e acaba perecendo.

EXPLICAÇÃO FILOSÓFICA:

Este capítulo é uma paráfrase antecipada das palavras do Cristo: "Quem não receber o Reino dos Céus como uma criança não entrará nele"; ou então da exclamação: "Graças te dou, meu Pai, porque revelaste estas coisas aos simples e pequeninos e as ocultaste aos eruditos".

A criança normal é cem por cento receptiva, como deve ser o homem que deseja ser iniciado no mundo divino.

56

A serenidade do sábio

Quem sabe cala.
Quem fala não sabe.
O sábio vive calado,
Voltado para dentro de si;
Mitiga o que é agudo,
Deslinda o que é emaranhado,
Suaviza o que é violento,
Nivela-se com o que é singelo.
Assim conscientiza ele a Realidade.
Unifica-se com o grande Uno,
Mantém-se equidistante de simpatia e antipatia,
Indiferente a lucro e perda
Acima de louvor e vitupério.
É nisso que ele vê a verdadeira nobreza.

EXPLICAÇÃO FILOSÓFICA:

Sempre de novo frisa Lao-Tsé a necessidade de uma atitude profunda para produzir atos corretos, de uma Fonte plena para plenificar canais vazios; insiste em ser cosmoagido antes de ser egoagente. As palavras do Cristo — "não sou eu que faço as obras, mas é o Pai em mim que as faz; de mim mesmo eu nada posso fazer" — parecem formar o substrato de toda a filosofia de Lao-Tsé, como também do *Bhagavad Gita* — essa mesma atitude que a nossa Filosofia Univérsica cristalizou nas palavras "ser cosmoagido a fim de poder ser corretamente egoagente"; o que a antiga sabedoria chinesa e o Zen-budismo chamam *wu-wei*.

57

Agir não agindo

Pela retidão se governa um país.
Pela prudência se conduz um exército.
Mas é pelo não agir
Que é regido o Universo.
Donde sei que assim é?
É evidente por si mesmo.
Quanto mais proibições existem,
Tanto mais o povo empobrece.
Destrói-se toda a ordem
Quanto mais os homens procuram
Os seus interesses pessoais.
Prepara-se a revolução,
Quando os homens só pensam em si mesmos.
Abundam ladrões e salteadores,
Quando o governo só confia
Em leis e decretos,
Para manter a ordem.
Pelo que diz o sábio:

Não intervenho!
E eis que por si mesma
Prospera a vida
Na sociedade.
Mantenho-me imparcial!
E por si mesmo o povo se endireita.
Não me meto em conchavos!
E por si mesma floresce a ordem.
Não nutro desejos pessoais!
E eis que por si mesmo tudo vai bem.

EXPLICAÇÃO FILOSÓFICA:

Este capítulo é mais uma continuação da sabedoria do não agir a fim de ser agido; do não ser egopensante e egovivente a fim de ser cosmopensado e cosmovivido. A verdade paradoxal do Cristo, de Paulo de Tarso e de outros Mestres — "viver para morrer", "perder para ganhar", "renunciar para possuir" — aparece sempre de novo como a quintessência de toda a sabedoria da vida. Mas a compreensão dessa verdade supõe no homem uma atitude de clarividência ou de ultravidência, que ninguém pode aprender de fora, mas só pode despertar de dentro de si mesmo.

58

Paradoxos criadores

Um governo que não aparece
Faz o povo feliz.
Um governo que tudo quer determinar
Faz o povo infeliz.
Felicidade repousa em renúncia.
Renúncia é a base da felicidade.
Quem prevê o que vai acontecer?
Desordem reveza com ordem,
Erros sucedem a verdades.
Em sua cegueira, o homem ignora
As vicissitudes das coisas.
O sábio:
É retilíneo por índole,
Mas não fere ninguém.
É intangível,
Mas não inatingível.
É intransigente,
Mas não intolerante,
É brilhante,
Mas não ofuscante.

EXPLICAÇÃO FILOSÓFICA:

Ainda neste capítulo continua Lao-Tsé o mesmo pensamento de que o Ser é a base de um reto dizer e de um reto fazer. E é precisamente nisso que o verdadeiro sábio se distingue do mero erudito e do tolo. Todo o Universo está baseado no Uno invisível, que se revela no Verso visível. O profano só enxerga o Verso e ignora o Uno, ao passo que o iniciado intui ou fareja o Uno invisível para além, ou dentro, do Verso visível.

59

O poder da serenidade

Para servir aos homens e a Tao,
Nada melhor do que a serenidade.
Serenidade é agir sem agir,
Atividade pelo próprio Ser,
Serenidade é silenciosa superioridade.
Serenidade é passividade dinâmica,
Que atua de dentro sem agir por fora.
Tao é infinita potência,
Porque é silêncio Criador.

EXPLICAÇÃO FILOSÓFICA:

"Esse homem fala com poder e autoridade", dizia o povo quando Jesus falava. Quem somente diz o que sabe não fala com poder e autoridade; mas quem sabe muito mais do que diz fala com poder e autoridade. O muito que ele sabe e é garante a segurança do pouco que ele diz. Quem põe em circulação todo o capital que possui está em vésperas de falência; mas quem põe em circulação apenas dez dos cem porcento que possui não corre esse risco.

O verdadeiro sábio deve saber e ser infinitamente mais do que diz e faz; assim o mundo sente que ele fala e age com poder e autoridade.

Serenidade é o que Aristóteles chama "ato puro", que é Tao, a Divindade.

60

Um bom governo supõe visão cósmica

Governar um grande reino é tão fácil
Como dar liberdade a um peixinho.
Quando o reino é governado no espírito de Tao,
As potências sinistras não o atrapalham,
Nem os espíritos invisíveis intervêm.
Embora esses poderes não estejam ausentes,
Não têm o poder de fazer mal.
Assim como o sábio não atrapalha
Quando as potências sinistras
E os espíritos invisíveis estão coibidos.
Então podem prosperar as melhores forças dentro do homem.

EXPLICAÇÃO FILOSÓFICA:

Num Estado bem-governado existem os mesmos fatores negativos que existem em um Estado malgovernado — com a diferença de que naquele os poderes deletérios não podem prevalecer como neste, porque um poder positivo os controla e coíbe. Compete ao verdadeiro soberano criar e manter esses poderes positivos de ordem e disciplina, para que o espírito de desordem e indisciplina, embora incubado, não possa eclodir.

61

O poder do serviço

Um grande Estado deve ser
Como um vale profundo
A que afluem os rios menores.
Deve ser como o lar dos povos,
Como a mãe dos Estados menores.
Assim como, na vida humana,
A fêmea sempre subjuga o macho
Por sua suavidade e recipiência,
Assim, na vida pública,
O Estado sempre vence os outros quando é receptivo.
Receptividade revela superioridade.
Seja o Estado grande ou pequeno,
O que importa é que o grande Estado nada queira
Senão unir e favorecer,
E que o Estado pequeno não queira
Outra coisa senão o bem comum.
Assim, nessa mútua colaboração,
Lucra cada um dos dois poderes.
A verdadeira grandeza se revela sempre
Pela receptividade e pelo auxílio mútuo.

EXPLICAÇÃO FILOSÓFICA:

Num Estado, ou numa confederação de Estados, é mais importante o espírito de receptividade passiva do que o poder de datividade ativa. Compreensão gera mais união do que compulsão. Benevolência é mais eficiente do que violência.

Foi este o segredo dos grandes estadistas, como Abraham Lincoln, nos Estados Unidos, e Mahatma Gandhi, na Índia: o poder da não violência. Toda violência é sinal de fraqueza — toda benevolência é indício de força.

62

Reintegração cósmica

Tao é a pátria de todos os seres,
É a querência dos bons,
É o refúgio dos maus.
Belas e piedosas palavras são fáceis,
Mas somente boas ações
Conduzem o homem à perfeição.
Será sinal de nobreza
Rejeitar os homens maus?
Para que foram instituídos
O Imperador e seu fausto?
Visam tão somente a realizar Tao.
Qual a razão por que os antigos
Tanto veneravam Tao?
Não é porque quem o procura
O encontra, finalmente?
Não é porque todo transviado
Encontra nele o bom caminho?
E todo doente encontra saúde e sanidade?
Por isso é Tao o Bem Supremo.

EXPLICAÇÃO FILOSÓFICA:

O Tao, a Realidade Invisível, quando permeia todas as facticidades visíveis, transforma e transfigura também estas, que então participam da grandeza e da beleza da própria Realidade, e as facticidades podem ser amadas por causa da Realidade nelas imanente.

63

Ver o grande no pequeno

Agi pelo não agir!
Sede ativos na inatividade!
Achai gosto no desgosto!
Vede o grande no pequeno!
Vede o muito no pouco!
Enfrentai o ódio com o amor no coração!
Reconhecei o difícil,
Antes que apareça a sua dificuldade!
Realizai o grande,
Amando o pequeno!
Todo complicado no mundo
Começa simples!
Todo grande
Nasce pequeno!
O sábio não se preocupa com sua salvação,
E por isso a encontra.
Quem facilmente promete
Não merece confiança.
Quem age levianamente
Esbarra com dificuldades.
O sábio prevê as dificuldades.
E por isso as supera.

EXPLICAÇÃO FILOSÓFICA:

Esses flagrantes paradoxos ilustram a bipolaridade de todas as grandes coisas do mundo e da vida. Toda a bipolaridade do Universo, aparentemente contrária, é realmente complementar: o negativo não é o oposto do positivo, mas sim o seu complemento. Assim como a morte não é o avesso da vida; como o feminino não é hostil ao masculino, mas sim a sua complementaridade. Vislumbrar essa grande síntese em todas as antíteses — isso é suprema sabedoria.

64

Vivência pelas leis cósmicas

O que está em repouso
É fácil conservar.
O que é insignificante
Pode facilmente ser influenciado.
O que é frágil
Pode ser quebrado facilmente.
O que é leve
Pode ser levado pelo vento.
A ordem deve ser mantida,
Antes que surja a desordem.
A árvore mais gigantesca
Nasceu de uma raizinha
Fina como um cabelo.
Uma torre de nove andares
Repousa sobre uma pequena área de terra.
Uma viagem de mil léguas
Começou com o primeiro passo.
Quem faz algo contra a lei

Tem de falhar.
Quem se apega a algo
O perderá.
Por isso o sábio não é egocêntrico,
E por isso nunca falha.
Não se apega a nada,
E por isso não perde nada.
Outros falham
Antes de chegar à meta,
Porque não esperaram
Pelo momento oportuno.
Quem enxerga o início e o fim,
Esse não falha.
O único desejo do sábio
É não ter desejos.
Não deseja nada
Que a outros
É desejável.
Nem deseja inteligir
Objetos de inteligência.
O que a outros é insignificante
O sábio considera importante.
Assim estabelece ele a reta ordem
Em si e nos outros,
Não agindo jamais
Em desacordo com as leis cósmicas.

EXPLICAÇÃO FILOSÓFICA:

Toda a sabedoria não é outra coisa senão a expressão das leis da natureza. O Universo é tão intensamente Uno que todo o seu extenso Verso não o pode esgotar nem destruir.

Por isso deve o homem sábio adivinhar o grande no pequeno, a quantidade na qualidade, o Todo no Nada.

65

Orientar-se pelas leis imanentes

Antigamente, os que viviam em Tao
Evitavam erudição intelectual.
Para um país nada é mais perigoso
Do que um povo pseudoerudito.
Querer governar massas pseudoeruditas
Acaba em grande calamidade.
Abençoado aquele que evita
Esse conhecimento superficial
E educa o povo segundo
As leis imanentes no coração.
Orientação assim modelar
Nunca desvia do caminho certo,
Porque o sábio conhece o poder misterioso
Das leis autoatuantes do mundo,
Que as massas ignaras ignoram.
A obediência a essas leis imanentes,
Que atuam de dentro de si mesmas,
Garante a ordem do cosmos.

EXPLICAÇÃO FILOSÓFICA:

O profano confunde erudição com cultura, instrução com educação, técnica com sapiência, sucesso com grandeza, prazer com felicidade. O homem profano é um *robô* da civilização, que julga ser um gênio de sabedoria. O homem profano é uma deslumbrante vacuidade, uma grandiosa futilidade, uma colcha de retalhos manufaturada à força de publicidade heterogênea. O homem profano não é *alguém*, mas apenas algo; é um homem coisificado de muitas circunstâncias sem nenhuma substância.

E, por não ter unidade interna e homogeneidade própria, sente-se sempre frustrado e infeliz.

66

Governar servindo

Rios e mares demandam os vales,
Porque procuram os lugares baixos.
O soberano só pode governar
Quando o seu governo brota do interior.
Por isso o verdadeiro sábio
Quando quer governar
Modera as suas palavras
E renuncia ao seu próprio ego.
Assim é ele um verdadeiro soberano,
E o povo não se sente humilhado.
Governa, mas ninguém
Se sente governado.
Todos lhe obedecem de boa mente
E se sentem amparados
E livres.
Nada dele reclamam.
Nada desejam.

EXPLICAÇÃO FILOSÓFICA:

O verdadeiro soberano não governa pelo que diz e faz externamente, mas, sim, pelo que é internamente. Quando o povo começa a perceber o Ser *cósmico* do soberano mais do que o seu *fazer* egoico, então obedece espontaneamente às suas leis e decretos. Esta suave cosmo-obediência transcende qualquer violenta ego-obediência. E o povo, embora alogovernado, tem a impressão de ser autogovernado. A monocracia funciona como cosmocracia, a mais perfeita forma da democracia.

67

As três coisas preciosas

Dizem os homens que eu sou grande,
Como se eu fosse algo especial.
Grande só é quem nada se importa
Com sua grandeza.
Quem deseja ser grande perante os outros,
Esse é pequeno.
Três palavras me são sagradas:
A primeira é bondade,
A segunda, suficiência,
A terceira, modéstia.
A bondade dá força,
A suficiência alarga a estreiteza,
A modéstia faz do homem um veículo
Para a atuação das forças eternas.
Hoje em dia não é assim.
O homem não conhece mais bondade,
E, ainda assim, se julga forte.
Não tem mais suficiência,

Só reclama seus direitos;
Ninguém sabe ser modesto,
Mas só pensa em sucesso.
E isso conduz à ruína.
Quem é realmente bom
Vence na luta
Porque é invencível.
Quando o inimigo avança,
Esse homem é amparado pelo céu.

EXPLICAÇÃO FILOSÓFICA:

Bondade, suficiência e modéstia representam o carisma do homem cósmico. E dessa trindade cósmica brotam todos os atos externos do homem realmente grande.

Quem age em nome do seu ego humano é pequeno.

Quem é agido pelo Eu cósmico, esse é grande.

O grande homem assume atitude de um eterno aprendiz e nunca se considera mestre de ninguém.

68

Invencível pela paz interior

O Mestre realmente competente
Convence,
Mas não discute.
Um verdadeiro soldado
Luta,
Mas não tem raiva.
Um vencedor real
Supera,
Mas não se irrita.
Um autêntico chefe
Coloca cada homem no seu lugar,
Mas não tiraniza ninguém.
Essa atuação nascida de dentro
Conserva a paz verdadeira,
Pratica a arte sublime
De conduzir os homens suavemente.
É uma atuação oriunda do céu.
Semelhante atuação foi desde sempre
Considerada como a mais alta.

EXPLICAÇÃO FILOSÓFICA:

A verdadeira sabedoria e grandeza radicam sempre em algo invisível; o que se pode ver não passa de simples derivado. Toda a física é apenas um aspecto parcial e secundário da metafísica. Todas as facticidades tangíveis são simples reflexos da Realidade intangível.

O mundo empírico dos sentidos e o mundo analítico da inteligência não atingem a Realidade, que só pode ser conscientizada pela intuição da razão espiritual.

Quem não é cosmopensado, cosmovivido, cosmoagido, não atinge a Realidade, o único Uno, que se revela pelo múltiplo Verso.

69

Superioridade pela modéstia

Quem quer ganhar seu inimigo,
Em terra hostil,
Não se arvore em dono de casa,
Mas porte-se como hóspede
Em casa alheia;
Prefira sempre recuar um metro
A avançar um centímetro.
Assim ele progride sem marchar.
Assim pode reprimir sem ameaçar.
Assim pode avançar sem lutar.
Assim pode tomar posse
Sem usar armas.
Não há mal maior
Do que desprezar o inimigo;
Quem menospreza o inimigo
Perde os seus tesouros.
Se dois exércitos forem iguais,
Quem vence é o mais sensato.

EXPLICAÇÃO FILOSÓFICA:

Essa sabedoria de ceder para vencer, de não agir para ser agido é a estratégia dos grandes sábios e sapientes da humanidade, não conhecida pelos eruditos, e totalmente ignorada pelos insipientes. O insipiente ou não sapiente joga somente com atos sucessivos e nada sabe de uma atitude simultânea.

70

A pequena elite dos sábios

O que é verdade
É facilmente inteligível,
E, no entanto, ninguém entende,
E ninguém aceita.
Palavras e obras devem surgir
Do abismo do Infinito.
Quem isso ignora
Ignora também a filosofia de Tao.
Sempre são poucos os sábios profundos,
E é nisso que jaz a sua grandeza.
O sábio tem roupagem modesta,
Mas oculta no seu interior
A mais preciosa joia.

EXPLICAÇÃO FILOSÓFICA:

A verdade é como a luz incolor, que parece não existir, porque não é visível em si mesma, ao passo que as luzes multicores são facilmente visíveis. Poucos homens percebem e vivem a verdade, porque não despertaram ainda para esta ignota dimensão do Eu, só se interessando pelas muitas dimensões do ego. Para a visão da zero-dimensão e da zero-duração da verdade, que são o Infinito e o Eterno, requer-se um mergulho profundo e prolongado no silêncio e na solidão de que o ego ilusório tem instintivo pavor.

71

Ignorar sua ignorância

Quem conhece a sua ignorância
Revela a mais alta sapiência.
Quem ignora a sua ignorância
Vive na mais profunda ilusão.
Não sucumbe à ilusão
Quem conhece a ilusão como ilusão.
O sábio conhece o seu não saber,
E essa consciência do não saber
O preserva de toda a ilusão.

EXPLICAÇÃO FILOSÓFICA:

O sábio sabe e saboreia que toda a erudição meramente intelectual é deslumbrante vacuidade e fascinante ilusão. A diferença entre o sábio e o erudito está no fato de que o sábio sabe por experiência própria o que é a Realidade, ao passo que o simples erudito ignora essa Realidade e a confunde com as facticidades. O sábio sabe que ignora mil vezes mais do que sabe — e nisto está a sua sapiência.

Quem não tem plena certeza da sua vacuidade não pode ser plenificado pela plenitude.

72

Mentalizar o mal é perigoso

Quando o homem não mentaliza o mal,
O mal não lhe acontece.
Deixa o mal no berço da maldade,
E o mal não desgraça o homem.
Ainda que o sábio conheça o seu valor,
Não exibe valores.
Ainda que conheça a sua dignidade,
Não reclama dignidades.
Ele conhece as suas possibilidades,
Por isso não exorbita dos seus limites.

EXPLICAÇÃO FILOSÓFICA:

Um puro não fala em pureza.

Um sábio não fala em sabedoria.

Um homem espiritual não fala em espiritualidade.

Um rico não ostenta riquezas.

Há um pudor metafísico, assim como há um pudor físico.

O homem espiritual não exibe impudicamente a sua espiritualidade, mas oculta-a com recatado pudor.

Quem muito fala em espiritualidade prostitui a sua espiritualidade.

As essências preciosas são guardadas em recipientes fechados para que não se volatilizem.

73

Matar ou deixar viver

Alguns são assaz corajosos
Para terem a coragem de matar.
Outros são assaz corajosos
Para parecerem covardes
E terem a coragem de conservar a vida.
Matar e deixar viver —
Tanto isto como aquilo por vezes considerado mau.
Quem ousaria dizer
Qual o critério das potências eternas?
Nem o sábio o sabe,
E, na dúvida, entrega tudo
Ao Tao do Infinito,
Mas o Infinito se revela assim:
Ele prevalece — sem violência.
Ele dá ordem — sem comando.
Ele atrai — sem se impor.
Atua com finalidade — mas sem interesse.
É uma rede de malhas largas,
Mas nada lhe escapa.

EXPLICAÇÃO FILOSÓFICA:

Os homens vivem discutindo se é melhor matar ou deixar viver — e não chegam a um acordo. Para Tao, a vida como a morte são iguais. Tao tanto faz nascer como morrer. Enquanto o homem não identifica a sua consciência com Tao, sempre oscilará entre o par de opostos, preferindo a vida à morte, ou vice-versa. Somente o ingresso na consciência cósmica do Infinito pode dar-lhe clareza definitiva.

O bem e o mal não estão nos atos, mas, sim, na atitude.

74

Vida e morte

Se um povo não teme a morte,
Quem pode então governar
Com pena de morte?
Mas, se teme a morte,
Quem ousaria cometer crime de morte?
Há sempre um juiz que decrete
E execute pena de morte.
Mas se qualquer um se arvora
Em juiz sobre vida e morte,
Quando somente Tao é juiz,
Esse se parece com alguém que,
Em vez de um perito
Que sabe usar o machado,
Usa-o e corta a mão.

EXPLICAÇÃO FILOSÓFICA:

Nenhum homem pode dar sentença sobre a vida e a morte, porque ignora tanto esta como aquela. Somente Tao, que conhece a vida e a morte como uma única realidade bipolar e complementar, sabe que a vida não é o contrário da morte, e esta não é o oposto da vida. Mas, para os ignorantes, deve haver leis sobre a vida e a morte.

Quem é inocente? Quem é culpado?

75

Por que o povo se revolta?

O povo sofre,
Quando é explorado pelos chefes.
O povo se queixa,
Quando os chefes não o deixam em paz.
E por isso se revolta.
O povo nem teme a morte,
Quando os chefes se arrogam
O direito sobre a vida.
E isso nasce do fastio da existência.
Mais sábio é
Quem não se apega à vida
Do que aquele
Que se apega.

EXPLICAÇÃO FILOSÓFICA:

A pena de morte não diminui a criminalidade. Quando um governo se arvora em árbitro sobre a vida e a morte de seus súditos, estes perdem o respeito à vida, que o governo desrespeita, e já não temem morrer nem matar. Somente Tao é supremo árbitro sobre a vida e a morte.

76

O poder da vida

Tenro e flexível é o homem quando nasce,
Duro e rígido quando morre.
Tenras e flexíveis são as plantas
Quando começam,
Duras e rígidas quando terminam.
Rígido e duro o que sucumbe à morte,
Tenro e plasmável o que é repleto de vida.
Quem julga ser forte só pelas armas
Não vencerá.
Árvores que parecem possantes
Sempre se aproximam do fim.
Pelo que vale isto:
O que parece grande e forte
Já está a caminho da decadência.
Mas o que é pequeno e plasmável,
Isso cresce.

EXPLICAÇÃO FILOSÓFICA:

Todos os organismos perdem a sua evolvibilidade na razão direta que crescem e se aproximam do fim. Quem quiser prolongar a sua vida deve conservar o seu caráter elástico e plasmável. A juventude é flexível, a velhice é rígida. A vida eterna é um eterno Devir, uma jornada dinâmica, e não uma chegada estática. Tao é o Ser que sempre se revela como Devir, é a imutável Essência, que sempre aparece como Existência mutável. Tao é o eterno Uno, que se revela no efêmero Verso — Tao é Uno e Verso, o Universo.

77

A lei da compensação

A atuação de Tao é como um arco:
Desarma os poderosos
E arma os humildes.
Diminui onde há demais
E aumenta onde há de menos.
Assim é a atuação do Tao:
Tira da plenitude
E enche a vacuidade.
Não é assim que os homens agem:
Diminuem onde já há pouco
E acrescentam onde já há muito.
Quem está baseado no céu de Tao
Oferece aos outros da sua plenitude.
Por isto age o sábio:
Sem nada pretender para si,
Sem se apegar à sua obra.
Sem nada querer ser,
Sem nada querer ter.

EXPLICAÇÃO FILOSÓFICA:

Tao, a absoluta Realidade, não é Ser ou Devir — ele é tanto isto como aquilo, tanto o positivo como o negativo, tanto a vida como a morte, tanto o bem como o mal, tanto a luz como a treva. Tao é a grande Tese, anterior a todas as Antíteses e Sínteses. Tao é o neutro, que se manifesta como negativo e positivo. Tao não é masculino nem feminino, mas é a base para ambos.

Ontologicamente, Tao é o transcendente incognoscível — logicamente, Tao é o imanente cognoscível.

Tao é personal, quando visto por uma personalidade — embora em si seja impersonal.

O homem não vê Tao como o Tao é, mas sim como o homem é.

O homem faz Tao à sua própria imagem e semelhança — e por isso não tem uma visão autêntica de Tao.

78

Passividade dinâmica

Nada há no mundo
Que tanto se adapte ao solo.
Nada há mais frágil
Do que a água.
E também nada há mais forte
Que derrote o mais duro
Do que a água,
Incomparável e invencível.
Todos sabem que o fraco derrota o forte,
E que o mole vence o duro,
Mas ninguém o pratica na vida.
Somente o sábio aceita a verdade,
Quem, nos labores agrícolas,
Suporta as imundícies da terra,
Esse é o senhor da colheita.
Quem toma sobre si as culpas
E os sofrimentos dos pais,
Esse é o verdadeiro patriota;
Verdades ingratas são essas.

EXPLICAÇÃO FILOSÓFICA:

O verdadeiro sábio verifica a cada passo que o que parece tolo, fraco, absurdo, imprestável aos olhos do mundo, isto, não raro, é sábio, forte, genial, magnífico à luz da verdade.

O sábio age à luz de uma dimensão totalmente ignorada pelo insipiente, o qual, por essa razão, nunca poderá ter critério correto sobre o sábio. Enquanto o profano não mudar a sua atitude fundamental e não assumir perspectiva certa, não terá ideia da visão do sábio e falará de coisas que ignora.

A intuição do sábio nada tem que ver com os métodos analíticos do profano. É questão de uma nova atitude fundamental, e não apenas de atos superficiais.

79

Deveres e direitos

Que adianta extinguir grandes ódios,
Quando ficam ressentimentos?
Como remediar isso?
O sábio cumpre seu dever e esquece seus direitos,
Quem se guia pela voz da consciência
Só atende à voz do dever,
E não insiste em seus direitos.
Os poderes eternos não têm favoritos,
Mas favorecem sempre os bons.

EXPLICAÇÃO FILOSÓFICA:

O direito é sinônimo de egoísmo — o dever é sinônimo de amor. Enquanto o homem insiste nos seus direitos, tudo está torto; mas, quando renuncia a seus direitos, tudo se endireita.

No frontispício do Fórum de Santa Maria, no Rio Grande do Sul, acham-se quatro palavras em latim: SUMMUM IUS — SUMMA INIURIA, que querem dizer: O sumo direito é a suma injustiça. São palavras de um código do Império Romano, que já reconheceu e proclamou que o direito é o contrário da justiça.

Nesse sentido disse o Evangelho: "Por Moisés foi dada a lei (o direito) — pelo Cristo veio a verdade, veio a graça (a justiça)".

A sociedade humana é regida pelo direito — mas a consciência obedece à justiça.

Por isso o sábio dá mais importância aos seus deveres do que aos seus direitos, obedece mais aos ditames do seu Eu divino do que à política do seu ego humano.

80

A felicidade pela vida simples

Que um país seja pequeno
E de escassa população —
Que importa!
E se suas forças armadas
Fossem de apenas dez ou cem homens,
Que nem usassem suas armas —
Deixemos seus habitantes viver em paz
E cultivar seu torrão de terra!
E se não usassem seus navios,
Nem os seus carros de batalha,
Nem suas armaduras —
Deixemo-los voltar às tradições paternas!
Estão contentes com seus alimentos
E felizes com seus trajes,
Acham lindas as suas moradias
E bons os seus usos e costumes;
E se tão próximos deles fossem os vizinhos,
Que se ouvissem o canto dos galos e o latir dos cães,
De lá para cá e de cá para lá —
Deixemo-los viver em paz!
Envelhecer contentes
Morrer tranquilos...
Mas não os privemos da sua liberdade.

EXPLICAÇÃO FILOSÓFICA:

Fala-se e escreve-se muito sobre nações desenvolvidas e povos subdesenvolvidos, fazendo crer que as grandes potências superdesenvolvidas sejam o modelo ideal a ser imitado pelos povos subdesenvolvidos.

Não há maior ilusão do que essa.

Civilização e progresso nem sempre são índice de felicidade.

Em nenhuma nação altamente desenvolvida há homens mais felizes do que nos povos chamados primitivos.

No setor religioso fala-se na necessidade de missionar e cristianizar os povos pagãos — como se os povos cristãos fossem melhores e mais felizes do que os não cristãos. Nenhuma parcela da humanidade cometeu maiores crimes e monstruosidades do que o mundo cristão.

É necessário, certamente, dar aos povos selvagens certo padrão de higiene e conforto — mas é ilusão funesta crer que o "confortismo" dos chamados povos adiantados faça os homens mais felizes do que a simplicidade dos povos primitivos. A nossa civilização ocidental e o nosso cristianismo eclesiástico não são, de forma alguma, metas absolutamente desejáveis.

81

Sabedoria pelo desapego

Palavras verdadeiras não são lisonjeiras.
Palavras lisonjeiras não são verdadeiras.
O homem de bem não fala muito.
Quem fala muito não é homem de bem.
Homens sábios não são eruditos,
Homens eruditos não são sábios.
Quem trilha o caminho da perfeição
Não acumula tesouros.
Riqueza é para o sábio
O que ele faz pelos outros.
Quanto mais ele dá aos outros,
Tanto mais rico se torna.
Assim como de Tao brota a vida,
Assim age o sábio
Sem ferir ninguém.

EXPLICAÇÃO FILOSÓFICA:

Neste último capítulo resume Lao-Tsé, mais uma vez, a profunda filosofia de um homem cosmoconsciente. A sabedoria e a felicidade não vêm das circunstâncias de fora, mas sim da substância de dentro.

Civilização e progresso técnico não representam verdadeira cultura.

A finalidade do homem aqui na terra não consiste em alorrealizações, mas, sim, em autorrealização. A alorrealização de objetos pode servir de meio para a autorrealização do sujeito — mas não pode jamais substituí-la, nem ser um fim em si mesma, como é a autorrealização.

É tão difícil para o sábio adquirir riquezas — como é difícil para o rico adquirir sabedoria.

Direção
Martin Claret

Produção editorial
Carolina Marani Lima
Mayara Zucheli
Giovana Quadrotti

Tradução e explicações filosóficas
Huberto Rohden

Revisão
Waldir Moraes

Impressão
Geográfica Editora

Dados Internacionais de Catalogação na Publicação (CIP)
(Câmara Brasileira do Livro, SP, Brasil)

Lao-Tse
Tao Te Ching: o livro que revela Deus / Lao-Tse; tradução: Huberto Rohden. – 1. ed. – São Paulo: Martin Claret, 2023.

Título original: Dàodé jing
ISBN 978-65-5910-263-1

1. Taoísmo I. Título.

23-167872 CDD-299.514

Índices para catálogo sistemático:

1. Taoísmo: Religião 299.514
Aline Graziele Benitez - Bibliotecária - CRB-1/3129

EDITORA MARTIN CLARET LTDA.
Rua Alegrete, 62 — Bairro Sumaré — CEP: 01254-010 — São Paulo — SP
Tel.: (11) 3672-8144

Impresso — 2023